은퇴 후, 40년
어떻게 살 것인가

은퇴 후, 40년
어떻게 살 것인가

1판 1쇄 발행 ┃ 2013년 10월 5일
1판 5쇄 발행 ┃ 2018년 1월 10일

지은이 ┃ 전기보
펴낸곳 ┃ 미래지식
펴낸이 ┃ 박수길

주 소 ┃ 경기도 고양시 덕양구 통일로140 삼송테크노밸리 A동 3층 333호
전 화 ┃ 02)389-0152
팩 스 ┃ 02)389-0156
홈페이지 ┃ www.miraejisig.co.kr
이메일 ┃ miraejisig@naver.com
등록번호 ┃ 제 313-2004-00067호

ISBN 978-89-6584-069-5 13320

국립중앙도서관 출판사도서목록(CIP)

은퇴 후, 40년 어떻게 살 것인가
/ 지은이: 전기보. — 서울 : 미래지식, 2013
p.304. ; cm

ISBN 978-89-6584-069-5 13320 : ₩15000

은퇴[隱退] 노후 생활[老後生活]

591.9–KDC5
646.79–DDC21   CIP2013015539

미래지식은 좋은 원고와 책에 관한 빛나는 아이디어를 기다립니다.
이메일(miraejisig@naver.com)로 간단한 개요와 연락처 등을 보내주시면
정성으로 고견을 참고하겠습니다. 많은 응모바랍니다.

빨간 구두 은퇴설계 전문가 전기보가 전하는 은퇴 후 잘 사는 법

은퇴 후, 40년
어떻게 살 것인가

전기보 지음

미래지식

제 1 장

은퇴, 아름다운 마무리이자 새로운 시작

제6장

어디에서 무엇을 하며 지낼 것인가?

제7장

이들처럼 살 수만 있다면

인생이라는 여행의 새로운 출발점, 은퇴

남는 시간을 잘 관리하라. 그것은 마치 다듬지 않은 다이아몬드와 같다.
그냥 버리면 가치를 알 수 없을 것이고, 다듬으면 빛나는 보석이 될 것이다.
– 랄프 왈도 에머슨

나는 은퇴를 주제로 그동안 무수히 많은 강의와 방송을 해왔다. 그중 가장 당황했던 때는, 은퇴 전문가를 양성하기 위한 어느 프로그램에서 한 수강생의 질문을 받고서였다.

"선생님, 그런데 은퇴란 무엇일까요?"

당시 나는 그럴듯하게 답변한다고는 했지만 쉬는 시간에 곰곰이 생각해 보니 사실 그 답들은 궁색하기 그지없었다. 은퇴설계 전문가라고 자부하던 내가 은퇴에 대한 정확한 개념조차 설명할 수 없다니…. 그때부터 가장 본질적인 이 질문에 대한 좀 더 정확한 답은 무엇일지에 대해 무척 고민했다.

전문가들은 '은퇴란 무엇인가'하는 질문에 저마다 답을 내놓고 있다. 전문가들이 말하는 이런 학문적 정의와는 별개로 우리가 이 말을 가장 많이 듣는 경우는 따로 있다. 바로 '연예인 혹은 운동선수의 은퇴'라는 말을 통해서이다.

이를 통해서 우리의 은퇴를 유추해 볼 수 있다.

대부분의 사람들은 이들의 은퇴와 자신들의 은퇴는 별개라고 생각한다. 하지만 사실 이들의 은퇴와 일반인이 겪는 은퇴는 특별히 다르지 않다. 그런데도 많은 연예인이나 프로 운동선수가 은퇴후 삶에 적응이 힘들어 자주 기사에 오르내리곤 할 때, 이런 기사를 보면서 일반인들은 자신의 은퇴와는 다른 이야기로 여긴다.

운동선수나 연예인들이 언젠가는 자기가 하던 일을 그만두고 새로운 인생을 살아야 하는 것처럼, 일반인들도 어쩔 수 없이 지금까지 자신이 해오던 일을 그만두는 시점이 온다. 그것도 반드시! 그날을 위해 우리는 새로운 인생의 2막을 준비해야 한다.

학창 시절 나는 운동선수들과 같이 기숙사에서 생활하며 매우 친하게 지냈다. 그들의 전공은 체육뿐만이 아니라 다양했다. 하지만 학교생활을 하는 데는 아무런 어려움이 없었다. 수업시간에는 아예 들어오지 않아도 운동만 열심히 하면 학교에서 알아서 학점을 주었고 졸업장까지 받을 수 있었다.

하지만 미국의 학교에서는 운동선수라고 해서 특별하게 대우하지 않는다. 일반 학생들과 똑같이 공부하고 별도의 시간에 운동한다. 일정 학점이 되지 않으면 운동선수로 활동할 수 없는 경우도 있다. 학교에서는 운동선수로서의 수명은 짧고 그 이후 인생은 길기 때문에 공부를 열심히 해야 한다고 가르친다.

행복한 은퇴생활을 위해 우리는 과연 무엇을 준비해야 할까? 은퇴는 삶의 큰 변화이다. 운동선수들이 은퇴 후 삶을 잘 보내기 위해 공부를 열심히 하거나 준비해야 하는 것처럼, 일반인들도 은퇴 후 삶에 대한 준비가 필요하다. 이러한 변화에 어떻게 적응하느냐는 인생 전체의 만족도를 결정짓는 소중한 과정이다.

얼마 전 남북이 극단적으로 대치하는 상황에서 탈북자들이 배를 타고 월북한 사건이 일어났다. 목숨을 걸고 탈북을 감행했던 그들은 평생 지옥과 같다고 여겼던 곳으로 왜 돌아갔을까? 여러 가지 이유가 있겠지만, 남한에서 적응하기가 쉽지 않았던 것이 가장 큰 원인이라는 데 공감한다.

미국 남북전쟁이 끝나고 승리한 북군들은 남쪽의 흑인 노예들을 놓아 주었다. 그런데 해방된 노예들 중 상당수가 옛 주인집에 찾아와서 "다시 노예 생활을 하겠습니다"라고 했다. 이들 역시 새로운 환경에 단기간에 적응하기에는 준비가 부족했다. 누군가의 지시로 일하고 그 대가를 받던 삶에서 스스로 계획하고 결정해서 행동하며 결과까지도 책임을 져야 하는 자유로운 생활은 생각보다 어려울 수 있다. 우리 삶도 마찬가지다. 직장에서 주어진 일을 하며 다달이 급여를 받고 여러 가지 복지 시스템의 보호를 받던 삶에서 갑자기 황야에 버려진 듯한 상황에 빠지지 않으려면 미국 운동선수들처럼 인생의 다음 단계에 대한 준비를 미리 해두어야 한다.

퇴직자들에게 무엇을 하고 싶은지 물어보면 뜻밖에 대개 '다시 취직하고 싶다'는 답이 돌아온다. 하지만 50대 혹은 60대가 되어 이전의 상황으로 되돌아갈 수는 없다. 현실을 직시하고 자신의 상황에 대한 정확한 진단이 필요하다.

인생이라는 여행에서 새로운 출발점이라 할 수 있는 은퇴 이후의 삶을 어떻게 하면 효과적으로 살 수 있을지, 이 책을 통해 생각해보길 바란다. 은퇴 이후 행복한 삶은 준비에서 시작된다.

전기보

제1장

—

은퇴,
아름다운 마무리이자
새로운 시작

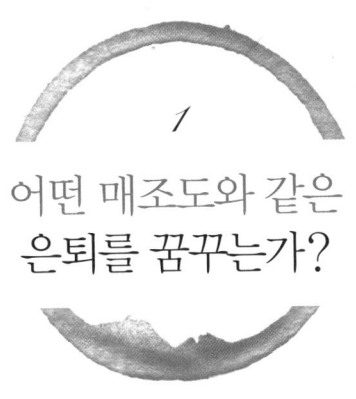

1

어떤 매조도와 같은
은퇴를 꿈꾸는가?

만약 당신이 몇 살인지 알지 못한다면
당신의 나이는 몇 살인가?
— 사첼 페이지

'행복한 은퇴연구소장'

이 직함이 찍힌 내 명함을 건네면 대부분의 사람들은 대뜸 "어떻게 하면 행복한 은퇴생활을 보낼 수 있을까요?"라고 질문한다. 전문가를 만났으니까 평소 궁금했던 은퇴 이후의 삶에 대해 한 번 물어보는 것이다.

진심으로 은퇴 후의 삶이 궁금해서 질문하는 경우도 있지만 그냥 생각 없이 질문하는 경우도 많다. 은퇴 후 삶에 대한 다양한 영역의 궁금증이 포함된 경우보다는 대부분 은퇴자금, 다시 말해 돈이 얼마나 필요할지 가장 궁금해한다. '은퇴자금으로 어느 정도나 준비하면 노후를 걱정하지 않을까?' 하는 마음이 담긴 것이다.

"은퇴 후 행복하게 살려면 과연 돈은 얼마나 있으면 될까요?"

많은 강좌나 세미나에서 이에 대해 직접 질문을 해 봤다. 이때 평균적으로 가장 적은 금액을 말한 이들은 시골 노인대학의 수강생들이었다. 그들은 "내 용돈 정도만 넉넉했으면 합니다"라고 소박한 바람을 이야기했다. 금액이 가장 컸던 곳은 강남에 있는 세무사회였다. 그들이 관리하는 고객들은 우리나라에서 최고라고할 수 있을 만큼의 부자들이 대부분이다. 그에 따라 눈높이도 높아져서인지 그들이 말한 금액은 평균 30억 원 정도였다.

이 질문에 대해 우리나라 사람들 대다수가 대답하는 금액이 있다. 바로 10억 원이다. 그렇다면 왜 10억 원이라고 말할까? 여기서의 10억 원은 백만장자와 관련 있다. 부자를 말할 때 보통 백만장자라고 하는데, 이는 아메리칸 드림의 상징적 숫자이기도 하다. 미국에 이민 온 많은 이들이 자산을 백만 달러 정도 모으면 성공했다고 해서 백만장자라는 말을 사용하게 되었다. 1달러를 1,000원으로 계산하면 약 10억 원이 된다. 하지만 여기서 잘 생각해 봐야 한다. 10억 원 이상을 준비하면 정말 행복한 은퇴생활이 보장되는 것일까? 그리고 지금 자신이 처한 상황에서 그 정도의 노후자금을 실제로 준비할 수 있을까?

10억 원보다 훨씬 많은 돈을 가진 부자이지만 삶의 방식은 결코 닮고 싶지 않은 은퇴자들이 우리 주변에는 정말 많다. 반면에 10억 원은커녕 수천만 원도 없지만, 부부가 다정하게 지내고 행복한 하루하루를 보내는 이들 또한 많다. 노후자금의 크기가 행복의 크기를 결정할 것이라는 막연한 생각은 잘못된 것이다.

그렇다면 열심히 준비하면 노후자금으로 10억 원 정도는 모을 수 있을까? 한국금융기관 연구소에 따르면 2012년 말 기준으로 우리나라에서 금융자산 10억 원 이상을 가진 사람은 약 15만 6,000명이라고 한다. 여기에는 비금융자산이 제외되긴 했지만, 이는 전체인구의 약 0.3퍼센트에 해당하는 아주 적은 숫자이다. 물론 이 금액은 노후자금만을 말하는 것이 아니므로 노후자금만으로 그 정도를 준비한 경우는 훨씬 적을 것이다.

그런데도 많은 이들은 10억 원을 모으는 것이 절체절명의 인생 목표이고 그것 이상을 이루면 꼭 행복해질 것으로 생각한다. 그러고는 자금이 그만큼 준비되면 그때부터 그 돈에 맞추어 행복하게 사는 법을 생각해 보겠다고 한다. 하지만 과연 행복이라는 것이 돈의 크기에 따라 결정되는 것일까? 그보다는 어떻게 사는 것이 행복한 것인지 먼저 생각해 보고 이를 위해 얼마가 필요한지 따져 보는 것이 바른 순서이다.

이제 다시 처음 질문으로 돌아가 보자. 나에게 질문했던 그 사람들은 이 정도의 금액이 은퇴자금이라는 것을 정말 모르고 질문했을까? 그럴 수도 있고 아닐 수도 있다. 하지만 적어도 내가 은퇴전문가라고 하니까 자신이 알고 있는 것을 재차 확인하기 위해 질문을 던진 경우가 대부분일 것이다. 하지만 절대로 나는 그들에게 "한 10억 원만 준비하면 됩니다"라고 말하지 않는다.

어떤 사람은 은퇴강의를 들으러 갔더니 그 강사는 "은퇴를 준비하려면 3억 원 정도의 비자금과 예쁜 애인, 그리고 같이 골프칠 친구 4명만 만들어 놓으면 된다"고 했다며 이것이 맞느냐고 내게 되묻기도 했다.

나는 그들에게 "행복한 노후가 정말 걱정이 된다면 저에게 몇 가지 답변을 더 해야 합니다"라고 말한다. 그것은 바로 '언제 은퇴할 것인지, 그리고 어디서 누구와 무엇을 하며 지내고 싶은지'이다. 이를 알아야 가장 적합한 은퇴설계를 해줄 수 있다.

'10억 원의 은퇴자금만 준비하는 것'과 '3억 원의 비자금과 예쁜 애인과 골프친구 4명만 만드는 것', 그리고 '어디서 누구와 무엇을 하며 지내는 것이 행복한지 생각해보는 것' 중에서 무엇이 보다 합리적인 방법인가? 깊이 생각해 보지 않아도 답은 나올 것이다.

다음 페이지의 사진을 살펴보자. 이 사진은 그림으로 치면, 꽃과 새가 같이 있는 그림, 즉 화조도(花鳥圖)이다. 꽃은 매화 중에서도 홍매이다. 그래서 화조도 중에서도 매조도(梅鳥圖)라고 할 수 있다.

　관상용으로 삼는 홍매는 종류가 다양하지만, 일반적으로 수령
(樹齡)이 오래될수록 가치가 있고 수형(樹形)이 특이할수록 알아준
다. 사진 속의 홍매는 양산 통도사에서 수령이 150년쯤 된 매화나
무이다. 새는 우리나라 토종 새인 딱새인데 위치가 묘하다. 왼쪽
에서 3분의 1지점 그리고 아래에서 3분의 1지점에 있다. 사진 촬
영기법 중 황금분할의 구도이다.

　이 사진처럼 사는 것이 바로 행복한 노후 모습이라고 말하고 싶
다. 그 이유는, 비록 고목이지만 멋진 홍매꽃을 피웠고 이 꽃을 보
고 새가 와서 노래하고 있으며, 꽃과 새가 있는 아름답고 조화로
운 구도를 이루었기 때문이다.

　비록 나이는 들었지만, 우리의 노후도 멋진 꽃을 피울 수 있어

야 하고, 그 꽃을 보고 새가 노래하는 것처럼 우리를 좋아하는 사람들이 주변에 있어야 한다. 그런 모습이 아름답게 보일 수 있다면 그것을 진정으로 행복한 노후라고 할 수 있을 것이다. 모두 자신의 노후가 이 사진처럼 되기를 희망하지만, 실제 삶은 그렇지 못하고 다양할 수 있다.

아래의 사진과 이전 사진의 차이는 '꽃은 있는데 새가 없다'는 것이다. 그럴 수도 있을 것이다. 꽃도 있고 새도 있기를 희망했지만 어떤 연유에서건 새는 날아가 버릴 수 있다.

다음 사진은 '새는 있는데 꽃이 없다.' 그런데 새가 앉아 있는 방향과 모습이 의미심장하다. 꽃이 없는 가지에 새는 뒤로 돌아앉아 있다. 과연 저 새는 무엇을 생각하며 어디를 보고 있을까?

　다음의 사진은 석양에 해는 지는데 꽃도 없고 새도 없다. 앙상
한 나뭇가지에 스산한 바람만 분다.

우리 주변에는 젊어서 잘 나갔지만, 인생 후반부에서 잘못된 판단이나 행동으로 가족 간에 문제가 생기고 친구들과 단절하며 경제적으로도 파산한 후 쓸쓸하고 힘든 노년을 보내고 있는 사람들이 많다. 앞의 사진은 바로 이들의 모습을 닮아있다.

당신은 어떤 사진처럼 노후를 맞이하고 싶은가? 아마도 모든 이들이 첫 번째 사진처럼 꽃도 있고 새도 있는 노후를 그리고 있을 것이다. 그림 속의 꽃과 새는 무엇을 의미하고 균형을 이룬다는 것은 과연 무엇을 뜻할까?

우선 꽃이 오래도록 아름답게 유지되기 위해서는 환경이 좋아야 한다. 빛과 적당한 온도와 충분한 영양분이 필요하다. 인생에서도 이와 똑같은 이치가 적용된다. 튼튼한 줄기와 깊은 뿌리 그리고 이를 충족시킬 수 있는 영양분이 공급돼야 한다.

꽃은 적당한 노후 자금과 보람을 가질만한 활동, 그리고 건강한 몸과 마음을 상징한다. 새는 관계를 의미한다. 인생에서 즐거움을 얻고 그 즐거움을 같이 나누며 어려울 때 위로를 받을 수 있는 단단한 인간관계가 필요하다. 그리고 꽃과 새의 균형잡힌 모습처럼 지나침이 없고 더불어 사는 삶, 이타적인 모습이 삶을 균형있게 해 준다. 이러한 균형잡힌 삶이야말로 가장 바람직한 노후생활의 일면이다.

어떻게 하면 인생 후반부를 첫 사진의 매조도처럼 멋지게 만들 수 있을까? 100세 시대를 살아가는 지금, 어떤 삶이 건강하고 행복한 것일까? 그리고 이를 위해 준비하고 검토해 봐야 할 것들은 과연 무엇일까? 지금부터 한 가지씩 살펴보도록 하자.

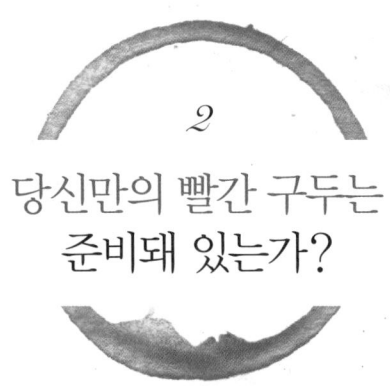

2

당신만의 빨간 구두는
준비돼 있는가?

당신은 단 한 번 살지만, 만약 당신이
한 일이 옳다면, 그 한 번으로 충분하다.
- 조 E. 루이스

　　　　　　　　　내가 중학교에 들어갈 때는 머
리는 빡빡 밀었고 모자를 썼고 교복을 입었다. 고등학교 때도 마
찬가지였다. 대학 시절에는 잠깐 장발이었지만 3학년 때부터 학군
사관후보생(ROTC)을 하며 다시 머리는 짧아졌다.

　머리가 짧았던 시절, 튀는 행동을 하고 싶어 앞머리와 뒷머리의
길이를 조금 다르게 해서 다니는 학생들이 있었다. 그들은 대부분
선도부원이나 교련 선생님에게 적발돼 머리 한가운데를 미는 벌
을 받았다. 또 검은 교복과 구분하기 위해 목에 흰색 깃을 넣었는
데 이것을 하지 않고 다니다 적발되기도 했다.

　획일적이고 통일된 태도와 행동이 강요되던 군사문화의 잔재

가 너무도 많이 남아있던 시절이었다. 당시에는 튀면 문제가 되었다. 그러한 문화는 교복과 두발의 자유화로 나아지는 듯 보였지만 군대에 가면 또다시 이런 획일화와 통일화를 강요받았다. 제대 후 취업을 해도 직장에서는 대부분이 흰 셔츠에 정장과 넥타이를 맨 획일화된 모습에 길들었다.

이 시대를 경험했던 사람들은 퇴직하게 되면 옷을 입을 때 색상 선택에 거부감과 장애를 보인다. 평생 무난한 색깔에 길든 터라 익숙한 무채색 계통의 색상을 좋아한다. 간혹 원색의 옷이나 액세서리를 접하면 강한 거부감을 보이며 멀리한다.

옷차림과 액세서리는 한 사람의 인상을 결정하는 데 있어 매우 중요하다. 이때 재질이나 스타일도 중요하지만, 색상이 그 무엇보다도 큰 영향을 준다.

내가 퇴직하고 처음 시작한 일은 〈은퇴연구소〉였다. 주요 고객은 은퇴했거나 은퇴를 앞둔 이들이었다. 나는 그들에게 은퇴 후 삶에 대한 바른 방향과 원칙을 알려주는 일들을 하고 있었다. 적어도 이 분야에서는 전문가였고 상대방이 생각지 못했던 걱정거리들을 없애주는 데 탁월한 솜씨가 있다고 자부하고 있었다. 하지만 이상하게도 상담 후 고객의 표정은 밝지 않았다. 그래서 고객들에게 그 이유를 직접 물어봤다.

"혹시 저의 상담이 미흡한지요? 마음에 들지 않는 점이라도 있나요?"

그러자 의외의 답변이 돌아왔다.

"선생님, 선생님의 말씀이나 제안이 틀린 것은 아닙니다. 그런데 죄송하지만, 선생님이 왠지 미덥지 않네요."

상담받는 대부분의 고객이 60대 전후였는데 반해 나는 실제로 50대 초반임에도 평소 외모관리로 40대 후반 정도로 어려 보였기에 인생에 대해 이러쿵저러쿵 조언하는 것이 영 신뢰가 가지 않는다는 것이었다. 또 인생 후반부에서는 좀 여유로운 삶을 기대했는데, 상담과정에서 문제점과 할 일들을 빈틈없이 지적하니 "오히려 상담을 받고 더 숨이 막히는 것 같아요"라는 대답도 있었다.

나는 고민 끝에 외모를 바꾸기로 했다. 깔끔하고 단정했지만 약간 답답해 보일 수 있는 인상에 변화를 주기로 했다. 좀 더 나이 들고 여유로워 보이기 위해 수염을 기르고 모자를 쓰기로 했다. 그랬더니 나이 문제는 어느 정도 해결되었다. 귀찮기는 했지만 수염이 지저분해 보이지 않도록 정성껏 관리했고, 넥타이만큼 다양한 형태의 모자로 변화를 주었다.

그러던 중 우연히 친구 농장을 방문했다가 한구석에 놓여 있는 빨간 구두를 발견했다. 무심코 신어 봤는데 내 발에 꼭 맞았고 느낌이 좋았다. 마침 친구도 신발을 사다 놓고 색깔 때문에 신고 다니길 주저하고 있었다. 그래서 "내가 신을게"라고 했더니 "너랑 잘 어울린다. 가져가"라고 허락했다.

그날부터 그 신을 신었다. 처음에는 뒤통수가 근질거렸지만 자신 있게 신고 다녔더니 사람들이 모두 한마디씩 했다. "어떻게 그런 빨간 신발을 신게 되었나요?"라면서 무척 신기해했다. 그 후부터는 구하기도 힘든 빨간 구두를 계속 신고 다녔다. 그러자 빨간 구두는 나만큼, 아니 나보다 더 유명해졌다.

YTN 라디오 〈곽수종의 생생경제〉 은퇴상담코너에서는 아예 '목요일의 빨간 구두 신사'로 소개되었다. 2012년 11월 8일 KBS TV 〈아침마당〉에 목요특강을 하러 갔더니 두 아나운서가 신발을 가지고 한바탕 호들갑을 떨었다. 신발을 클로즈업해서 보여주고는 "어떻게 그런 빨간색 신발을 신을 수 있나요?"라는 질문으로 인터뷰를 시작할 정도였다. 나의 빨간 구두가 공중파에까지 소개된 것이다.

나의 사진 전시회에 온 많은 분들도 구두 포스터를 재미있어 했다. 명함에도 앞에는 은퇴연구소장 직책과 얼굴 사진을 넣었지만 뒤쪽에는 빨간 구두를 넣었다. 간혹 이름이나 직책은 헷갈려도 빨간 신발을 보면 나를 기억했다.

많은 사람들이 "왜 하필 빨간색인가요?"라고 묻는다. 사실 뚜렷한 이유가 있어 색을 선택했다기보다는 그저 열정적이고 확실한 느낌이 좋아서 그랬는데, 나중에 오라소마(Aura-Soma)라는 색채치료법에서 빨간색에 대한 정의를 보고 '아하 그래서 내가 이 색을 선택했구나' 하고 이해되었다. 빨간색을 좋아하는 사람은 활력이 넘치고 독창성이 뛰어난 사람이며 남에게 지기 싫어하는 성격이라고 한다. 때론 반항적이기도 하나 일단 결심하면 어떤 장애도 뛰어넘을 수 있을 정도로 활력이 넘친다고 하니 내 성격과 어느 정도 맞았다.

색깔은 매우 중요하다. 그런데 대부분의 사람들은 나이를 먹어도 우중충하고 획일화된 색깔을 선호하며 튀지 않는 모습으로 지내려 한다. 젊어서 누군가의 눈치를 보고 규율에 복종해야 하는 조직생활에서는 그런 모습이 필요할 수 있다. 하지만 스스로 판단하고 스케줄을 조절하는 노년의 삶에서까지 칙칙하게 산다는 것이 과연 좋은 것일까?

나는 '독특하다'라는 의미의 유니크(Unique)라는 말을 참 좋아한다. 남성뿐만이 아니다. 여성도 얼마든지 자신만의 개성을 가꿀 수 있다. '누군가의 아내로, 누군가의 엄마로만 보내기에 이 봄날은 너무 짧다'라는 광고 문안을 나는 좋아한다. 모든 사람은 자신만의 독특한 인생을 만들고 살아가야 한다. 누군가의 눈치만 보고 살기에는 인생이 아깝지 않은가. 자신을 나타내는 것이 패션이며 패션은 자신감이라고 한다. 과감한 색깔로 자신을 자신 있게 표현하는 것도 필요하다. 이제 나의 빨간 구두를 부러워하지 말고 한번 당신만의 빨간 구두를 힘껏 찾아보자.

3

위기의 시대, 그 이름은 중년

중년에 정말로 무서운 것은,
당신이 다 성장했다는 것을 안다는 것이다.
– 도리스 데이

        은퇴를 준비하고 직접 경험하게 되는 중년은 성인 중기로, 40세에서부터 65세에 해당한다. 생물학적 능력이 감소하는 반면 사회적 책임은 더 커지는 시기이다. 심리학자인 에릭슨(Erickson)은 이 시기를 '생산성과 정체성이 혼용하는 시기'라고 말했다.

    중년기는 지금까지 옳다고 생각해오던 믿음과 가치에 의문을 제기하며 자신의 삶에 대해 재평가하는 시기이기도 하다. 그래서 중년은 인생에서 가장 혼란스러운 위기의 시기로 알려져 있다. 직업을 변경하거나 주거환경을 도시에서 교외로 바꾸기도 하고 이혼과 재혼을 경험하기도 하는 때이다. 청소년 시절 꿈꾸던 것들이 현실적으로 이루어지기 어렵다는 것을 깨달으며 환상적 사고에서 좀 더 구체적 사고로 전환되고 한때는 현실 타협이라고 도외시하던 소시민의 모습으로 점점 변해간다.

물론 모든 이들이 이처럼 소극적인 태도를 보이는 것은 아니다. 제한적이기는 하지만 그들 중 상당수는 자신이 꿈꾸던 것보다 더 성취하고 앞선 세대들의 경험을 청소년 세대들에게 전달하는 교량의 역할을 충실히 하는 경우도 있다. 수명 100세 시대를 맞이해서 이러한 중년기에 겪는 정신적 혼돈은 지금까지의 세대가 경험했던 것에 비해 문제가 더 깊고 넓어지고 있다.

행동적인 면에서 중년 남자는 스쿠버 다이빙, 오토바이 타기, 또는 스카이다이빙과 같은 어려서부터 꿈꿔왔던 파격적인 활동을 시도하기도 하고, 최신 유행을 따라 젊은 남자들처럼 행동하며 자신이 아직 젊다는 것을 보여주려고 애쓴다.

중년 여성의 경우는 성형수술을 하거나 젊은 스타일의 옷을 찾기도 하고 다이어트를 통해 몸매를 관리하며 여성스러움에 대해 다시 생각해 보는 시기이다. 일부 여성들은 역할 상실로 고립감, 외로움, 열등감, 무력감을 느끼는 시기이기도 하다.

중년 남성은 이 기간에 성적 능력의 감소를 경험하고 자신의 남성 갱년기(남성 폐경)를 느끼기도 한다. 성적 능력을 잃는 것에 대해 두려움을 느끼며 약물의 힘을 빌리거나 도구를 사용하기도 한다.

여전히 성적으로 능력이 있음을 증명할 젊은 여성을 찾기도 하는 시기이다. 반면, 중년 여성은 폐경을 경험하며 성적 활동에 관심을 잃게 돼 남편과 갈등을 빚기도 한다.

사회적으로는 외부 세계를 능가하는 능력을 얻고자 시도하고 심리적이고 사회적인 단서를 획득하는 시기이며 책임감을 감당하는 동시에, 자신의 내적인 충동을 극복하는 것이 중요한 도전과제가 되는 시기이다. 특히 여성들은 다시 직업을 가지거나 학업을 새롭게 시작하는 경우가 많다. 이러한 현상은 자기의식을 발전시키려는 것으로서 자녀양육이라는 임무를 수행하고 나서 자아를 발견하려는 행동이라 볼 수 있다.

한편 중년기의 인지적 변화로 갑자기 시각, 청각 등 감각과 지각능력이 감퇴하고 지능과 정보처리 능력이 저하하는 것을 경험하게 된다. 눈이 침침해지고 누군가에게서 잘 듣지 못한다는 지청구를 듣게 되며, 돋보기를 써보면 갑자기 글씨가 크게 보이는 새로운 경험을 시작하는 시기이다.

중년기 후반에 해당하는 장년기에 일어나는 사회적인 변화로는 자녀 출가와 은퇴를 들 수 있다. 자녀들이 출가하고 나면 빈둥지 증후군을 겪게 돼 지금까지 해오던 역할이 감소하게 된다. 특히 남성들은 은퇴하게 되면 수입이 감소할 뿐만 아니라, 사회적 지위, 자아 정체감, 역할의 상실, 사회적 유대관계의 감소를 경험한다.

은퇴시기를 자신만의 자유로운 시간으로 활용할 것인가 아니면 역할 상실의 고독감 속에서 외롭게 지낼 것인가를 결정짓는 것도 바로 이 중년기이다. 일반적으로 중년기 이후에 닥치게 되는 노년기의 다양한 과제들을 극복하기 위한 해결안 중의 하나가 바로 일이다.

우리가 일하는 목적은 보통 '생계해결과 출세 그리고 소명을 다하기 위해서'라고 한다. 은퇴 전에는 생계와 출세를 위해서 일했지만 노년에는 그보다 자신의 가치를 확인하는 소명으로서 일이 필요하게 된다. 일을 통해 우리는 노년의 여러 문제를 해결할 수 있다. 따라서 일정 나이에 도달하면 일을 그만두고 편안한 여가를 즐기는 것이 행복한 노후라는 환상에서 깨어나야 한다.

긴즈버그(Ginzberg)는 직업 발달의 단계를 60세 이전 활동기인 환상적 시기와 시험적 시기, 현실적 시기로 구분해왔다. 그러던 그는 최근 이론을 수정해 "직업 선택에 대한 의사 결정 시기를 성인기까지 연장하고 직업 선택은 청년기에만 일어나는 것이 아니라 수정된 형태로 일생을 통해서 나타난다"고 했다.

노후에 우리가 추구하는 소명이란 '자신이 아니면 할 수 없는 것이'라는 의미를 포함하고 있지만 반대로 '자신이 하지 않으면 후

회하는 일'이라는 의미로도 해석할 수 있다. 버킷리스트라는 말로 회자되고 있는 항목이기도 하다.

예를 들어 크루즈 여행가기, 손주들과 많은 시간 보내기 같은 크고 작은 개인적 바람을 갖는 것도 좋지만, 주 1회 비행청소년들 상담하기, 외국인 관광객을 위한 문화해설사 되기 등과 같이 될 수 있으면 좀 더 미래 지향적이고 인류 발전적인 요소를 포함하는 것이 좋다. 따라서 이러한 소명을 다 하기 위해서는 자신을 발전시키는 학습이 청년기 혹은 성년 초기에 중단되는 것이 아니라 일생에 걸쳐 변화하는 세상에 적응하는 능력을 키우는 평생학습의 개념이 필요하다.

우리는 좋은 직장 혹은 경쟁력 있는 청 · 장년기를 준비하기 위해 학교에서 공부한다. 요즘은 영 · 유아 교육부터 시작해서 유치원과 초등학교와 중 · 고등학교 그리고 대학과 대학원까지 다니며 공부한다. 이는 대부분이 좋은 직장이나 직업을 갖기 위한 노력이다. 그런데 이렇게 열심히 공부해서 얻은 직장을 60세가 되면 그만두어야 한다. 그렇게 공부한 것은 60세까지 직장생활을 잘하는 데 도움이 되는 내용인 셈이다.

나는 대학에서 농공과를 나왔다. 농기계와 토목을 전공하는 학과다. 그런데 토목과는 전혀 상관없는 생명보험회사에 다녔고 지금은 대학에서 금융자산관리학과 교수로 있으며 은퇴연구소장을 맡고 있다.

전공과 상관없는 분야에 취업할 수 있었던 것은 영업직에 맞는 대졸 장교 출신이라는 점이 더 고려된 것이었다. 사실 업무수행을 위한 지식적인 면을 보강하기 위해 직장을 다니며 보험학 석사학위를 얻었고 40대 후반에 경영학 박사학위를 받았다. 석사학위는 업무수행을 위해서였지만 40대 후반에 도전한 박사학위는 직장보다는 그 이후를 준비한 것이었다. 50대 후반인 지금은 연구소 일을 하면서 상담 부분에서 한계를 느낀 나머지 상담심리학 분야를 공부하고 싶어 한 대학 상담심리학과에 편입했다.

대입예비고사 성적에 맞추어 진학했던 대학이나 업무를 위해 준비한 석사학위, 자격을 위해 준비한 박사학위 등과 비교해보면 심리학은 스스로 필요해서 공부하는 것이기에 매우 흥미롭다. 노년의 삶에 대한 인간의 발달과제 관점에서의 접근이나 부부관계 혹은 자녀와의 관계에서 일어날 수 있는 다양한 문제들, 그리고 자아정체감에 대한 학문적인 접근 등이 그렇다. 이러한 것들은 은퇴관련 서적 몇 권만으로는 해결할 수 없는, 나의 업무 분야의 지적수준을 높여주는 활력소가 되고 있다.

대부분 취업하게 되면 자기 직무와 관련된 분야의 공부는 더 할지 몰라도 직장을 그만둔 다음의 삶을 대비하는 학습은 소홀히 한다. 아니, 거의 안 하는 편이라고 보는 것이 맞다. 하다못해 퇴직을 불과 얼마 남겨두지 않는 사람들도 직무연수 교육에는 참석하지만 퇴직 준비 프로그램에는 잘 참여하지 않으려 한다. 정작 직장생활은 몇 달도 남지 않았고 퇴직 후 살 날들은 지금까지 직장을 다닌 기간보다 더 많이 남아 있을 수 있는데도 말이다. 이들은 새롭게 닥치게 되는 퇴직 후의 삶이 두렵고 힘들 것이라는 것을 잘 알고 있으면서도 그것을 직시하고 싶어하지는 않는다. 그리고 막상 퇴직하고 나면 이런 자신들의 행동을 후회한다.

은퇴자 혹은 퇴직자 프로그램에서 만난 많은 이들이 강의가 끝난 후 내게 "선생님, 제가 퇴직 1년 전에만 선생님을 만났어도 얼마나 좋았을까요?"라고 말한다.

우리가 직장을 다닐 수 있는 기간은 길어야 60세까지이다. 좋은 직장에서 이때까지 버티려면 좋은 대학에서 좋은 성적을 받아야 한다. 하지만 60세 이후의 인생은 좋은 대학과 성적만으로는 해결되지 않는다. 60세 이전과 이후의 삶의 방식이 완전히 다르기 때문이다.

그런데도 우리는 젊어서 했던 공부로 인생에서 알아야 할 것을 모두 배웠다고 착각한다. 60세 이후의 삶을 행복하게 살기 위해서는 새로운 학습이 필요하다. 세상은 너무나 빠르게 변하고 있고 지식은 넘쳐서 홍수를 이룬다. 60세 이후의 삶은 경기를 해야 하는 그라운드도 경기규칙도 모두 다르다. 이에 대해 대비하지 않는 것은 아무것도 모르고 경기에 뛰어드는 격이다. 방식과 규칙을 모르고 시합에서 이기는 방법은 없다.

지금까지와는 달리, 어디서 무엇을 어떻게 하며 누구와 어울려 사는 것이 행복한 것인지에 대해서 공부해야 한다. 20대까지는 60세까지의 삶에 도움이 되는 공부를 했다면 40대부터는 60세 이후의 삶에 대해 공부해야 한다. 그리고 그 공부는 60세가 되면 끝나는 것이 아니고 그 이후로도 계속돼야 한다. 바로 평생학습이다.

현재 수많은 평생학습 기관이 있다. 학위를 주는 곳이 있는 반면 자격증을 주는 곳이 있으며 교양을 얻는 과정도 있다. 우리나라는 IT 강국이다. 이를 기반으로 하는 온라인 학습도 다양하게 진행되고 있다.

인터넷으로 4년제 학부수업을 진행하고 있는 사이버대학의 우리 학과에는 70세의 학생이 있었다. 국회에서 공무원으로 정년퇴직한 그의 입학 동기는 이렇다.

"주변에 자산관리에 어려움을 겪고 있는 연로한 친구들이 많은데, 그들의 자산관리를 해주고 싶었습니다."

그는 학과에서 진행하는 모든 오프라인 행사에 가장 적극적으로 참여하며 학창 생활을 보냈다.

이렇듯 멋진 인생을 살기 위해서는 학습에 대한 열정이 필요하다. 잔소리 같지만 한 번만 더 얘기하겠다. 젊어서 좋은 직장에 취직해서 좋은 배우자를 만나 행복하게 살기 위해 열심히 공부했던 것처럼, 풍부한 경험과 지혜를 활용해서 노후를 대비해 자신의 삶을 행복하게 만들 수 있도록 젊었을때부터 학습해야 한다.

　죽는 날까지 버리면 안 되는 한 가지가 있다면 그것은 바로 매사에 대한 호기심이다. 한 친구는 퇴직 후 2년간 놀다가 우연히 붓글씨를 배우게 되었다. 그러다가 한문에 관심을 두게 되어 《사서삼경》을 공부하게 되었다. 연간 회비를 내면 여러 과목을 수강하는 곳인데 일주일 내내 그곳에서 한학을 배우며 붓글씨를 쓰고 있다.

　"나는 몇 년간 더 공부해서 이런 한학을 가르치는 일을 해보고 싶어"라고 했다. 퇴직 후 매일 골프를 치러 다니며 친구들과 어울려 카드게임과 고스톱을 하고 술을 마시던 삶에서 한학도의 삶으로 완전히 뒤바뀐 이 친구, 내가 봐도 참 멋있다.

　은퇴 후를 대비해서 여러 개의 금융상품을 선택하는 것보다 100세 시대에도 경쟁력을 갖출 수 있는 전문가로서 자신의 가치를 높이는 데 더 집중해야 한다. 이것이 지금 중년의 위기를 맞고 있는 대한민국 베이비붐 세대들의 바람직한 모습일 것이다.

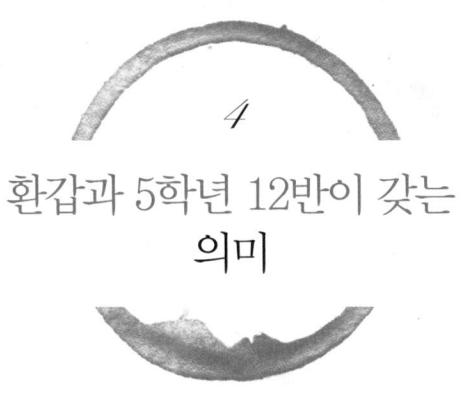

4
환갑과 5학년 12반이 갖는
의미

만약 내가 장수할 것을 알았더라면,
나 자신을 좀 더 돌보았을 것이다.
- 《일하지 않는 즐거움》 중

　　　　　　　어느 때부터인가 사람들은 나
이를 학년에 비교하기 시작했다. "몇 학년 몇 반이세요?"라고 물
으면 자연스럽게 "6학년 2반입니다"라고 말한다. 그런데 그것도
이제 변해서 나이를 말하는 방법들도 다양해졌다. 6자가 싫어서
'5학년 12반'으로 표기하기도 한다. 62층이라고 표현하기도 하는
데, 그만큼 '높은 곳에서 아래를 내려다보는 나이가 되었다'는 뜻
을 포함하고 있다고 한다. 요즘은 62평이라고도 하는데, '나이를
먹을수록 넉넉해진다'는 의미를 내포하고 있다.

《논어》에 나이를 비유한 글이 있다. 지학(志學)은 15세가 되어 학문에 뜻을 두었다는 것이고 이립(而立)인 30세는 모든 기초를 세우는 나이를 말한다. 불혹(不惑)인 40세는 세상일에 흔들리지 않음을 뜻하며, 지명(知命)인 50세는 천명(天命)을 알았다고 한 데서 온 말로 '지천명(知天命)'이라고도 한다.

이순(耳順)인 60세는 인생에 경륜이 쌓이고 사려와 판단이 성숙해 남의 말을 순순히 받아들일 수 있었다는 의미이다. 마지막으로 종심(從心)인 70세는 뜻대로 행해도 도(道)에 어긋나지 않았다고 한 데서 나온 말이다.

그런데 이런 나이와 관련된 말들은 2,000여 년 전에 만들어진 것이다. 이에 대해 어떻게 생각해야 할까? 그때보다 수명이 많이 늘었고 신체나 정신의 발달 정도가 많이 달라졌음에도, 우리는 40세를 아무 유혹에도 흔들리지 않을 만큼 심지가 강건하다고 할 수 있을까? 또 50세에 하늘의 뜻을 알 수 있으며 60세가 되면 남의 말을 잘 이해해서 순순히 받아들일 준비가 되어 있을까? 70세에 행하는 많은 일들이 도에 어긋나지 않을 자신이 있을까?

《논어》를 강의하는 어떤 모임에서 65세로 정년퇴직하신 의사분이 이에 대해 질문했다. 우리나라 최고의 논어 관련 학자였던 강사는 질문자의 의도에 충분히 공감했다.

강사는 시기적으로 이 말들은 조정돼야 할 것 같다는 의미로 답변했던 것으로 기억된다. 동서고금의 명저라 하는 《논어》의 정의조차 100세 시대를 맞이하며 개념이 조정돼야 할 것이다. 그래서 많은 이들이 예전과 같은 60세 혹은 70세로 불리기를 거부하며 몇 학년 몇 반이나 몇 층으로 자신의 나이에 다른 의미를 두려고 하는 것이다. 이와 관련해서 우리가 생각해 봐야 할 가장 상징적인 의미의 단계는 환갑이다.

육십 번째 생일인 이순은 논어에서 나온 말로 '나이 예순에는 생각하는 모든 것이 원만해 무슨 일이든 들으면 곧 이해가 된다'는 뜻이다. 60세 때의 생일인 육순(六旬)이란 열(旬)이 여섯(六)이란 말이고, 육십갑자(干支六甲)를 모두 누리는 마지막 나이이다. 그리고 환갑, 회갑은 60갑자를 다 지내고 다시 낳은 해의 간지가 돌아왔다는 의미로만 60세의 생일을 환갑이라 한다. 세상에 와서 그 이치를 깨치는 기간인 육십갑자가 한 번 다 돌았고 이제 새로운 갑자기 시작되는 첫 번째 생일이라는 것이다.

지금부터 50년 전인 1960년대 우리나라 평균수명은 52.4세였다. 그 당시 환갑잔치는 주변 사람들로부터 성대하게 축하받을 만한 의미 있는 행사였다. 이는 다른 사람들보다 훨씬 오래 살았기 때문이다. 그러나 이미 평균수명이 팔십을 넘은 요즘 의미가 희석되었다. 팔순잔치는 하지만 환갑잔치는 거의 하지 않고 칠순잔치도 잘 안 한다. 왜 이런 현상이 생겼을까?

그 이유는 역시 수명이 너무 빠르게 연장되었기 때문이다. 앞서 나온 설명처럼 우리나라에서는 50년 사이에 평균수명이 27년 정도 늘어났다. 의료기술의 발달과 식생활 개선 등에 따른 노령화는 세계적인 현상이지만 우리나라의 경우는 세계에서 유래를 찾을 수 없을 만큼 속도가 빠르다. 그러다 보니 과거에는 이제 살만큼 살았고 남은 인생이 얼마 안 남았다고 생각해서 위로 차원으로 환갑잔치를 했지만, 지금은 칠순에도 건강한 경우가 많아 상대적으로 환갑의 의미가 퇴색된 것이다.

재미있는 것은 지금 팔순잔치를 하는 분들은 60세에 환갑잔치도 했고 70세에 칠순잔치도 했을 것인데, 이제 70세가 된 분들은 환갑잔치도 제대로 하지 못했고 칠순잔치도 못 하는데 아마 팔순잔치도 하기 쉽지 않을 것이라는 사실이다.

지금 80대와 70대는 10년 정도밖에 차이가 나지 않지만, 누구는 환갑, 칠순, 팔순 모두 잔치를 하고 누구는 환갑도 칠순도 팔순도 못하는 현실은 우리나라 고령화의 한 단면을 보여 준다. 그런데 이렇게 의미 없었던 환갑잔치가 최근 다시 붐을 이루고 있다. 이것은 왜일까?

과거 환갑잔치를 보고 자란 세대들이 나이는 환갑이 되었는데 그냥 지나기는 무엇하고 과거처럼 성대한 행사는 쑥스럽지만 동갑들이 많이 생존해 있고 서로 자주 만났던 친구 중심으로 합동 환갑잔치를 하게 된 것이다. 많게는 100여 명에서 수십 명까지 한꺼번에 행사를 치른다. 한동안은 가족끼리 식사나 하고 부부가 같이 여행을 가는 정도로 마치던 행사가 단체로 성대하게 진행되는 것이다.

과거 환갑잔치는 자식들의 주도하에 이루어졌지만 지금 환갑잔치는 본인들 주도하에 진행된다는 점에서 차이가 있다. 그렇다고 해서 본인들끼리만 하는 행사도 아니다. 해당 친구들만 동창회 형태로 진행되는 경우도 있고 가족들까지 모두 참석하는 경우도 있다. 가족 모두가 참석하는 행사는 매우 규모도 커진다.

실제 인 당 경비는 혼자 진행할 때보다 단가가 매우 낮아진다. 그리고 행사 뒤에는 바로 여행을 떠나는데 친한 친구들끼리 부부 동반으로 가는 단체여행이라 재미도 있고 여행경비도 많이 낮출 수 있다는 장점이 있다. 따라서 최근 초등학교 동창회를 중심으로 이런 합동 환갑잔치가 붐을 이루고 있다.

한 동네에서 어려서부터 같이 자랐고 중·고등학교도 같이 다닌 경우들이 많아 친분 관계가 오래되고 가장 순수한 시절의 기억들을 많이 공유한 초등학교 동창들과 가장 무난하게 이런 행사들을 진행한다. 굳이 가족 단위가 아니더라도 친구들만의 행사 역시 쓸쓸히 의미 없는 일상적인 생일이 아닌, 비슷한 상황의 친구들과 서로를 위로하고 축하받는 의미 있는 행사로 진행한다. 이런 단체 환갑잔치가 다시 부활한 것은 과거 산업화의 주역으로 그 역할을 다하던 이들 세대가 그 자신들만의 존재감을 표현하는 의미로 생각된다. 자식들의 눈치를 보지 않고 떳떳하게 자신의 인생에서 주인공으로서 가치를 실현하는 행동이다.

　인생 후반부의 출발을 위한 터닝포인트로서의 자기 표현방식이라 볼 수 있다. 과거 환갑잔치가 죽음을 앞둔 은둔의 상징적 의미였다면, 지금의 환갑잔치는 살아온 날들의 정리와 새롭게 시작하는 후반부 인생에 대한 출발의 의미가 있다고 볼 수 있다.

　평균수명의 연장에 따른 잔여수명을 계산해보자. 지금의 나이에 대략 0.7을 곱하면 과거의 나이가 나온다. 요즘과 같은 100세 시대에 70세는 과거로 치면 49세 정도에 해당하는 나이다. 역연령으로 70세일 수는 있지만, 건강이나 정신 연령 혹은 사회적 나이로 보면 30년 전의 50세보다도 젊을 수 있다고 생각하고 행동하는 것이 맞다. 그러니 지금 당장 자신의 나이에 0.7을 곱해 보자. 그리고 그 나이에 맞는 생각과 행동은 무엇인지 알아보자.

　우리 마음속에는 60대 노인의 이미지보다 5학년 12반을 선택하고 싶은 젊음에 대한 욕망이 자리 잡고 있다. 그런데 이를 왜 애써 감추고자 하는가. 그런 욕망을 제대로 끄집어내자. 그래야 이 시대에 맞게 살아갈 수 있다.

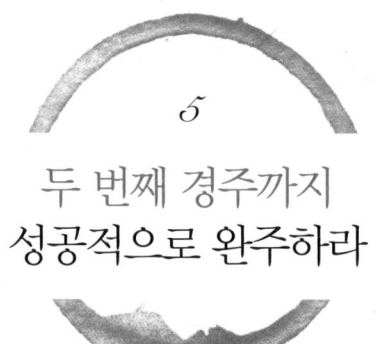

5

두 번째 경주까지
성공적으로 완주하라

게으른 자여, 일어나라. 그리고 인생을 낭비하지 마라.
무덤에서 잘 잠으로도 충분하다.
– 벤저민 프랭클린

100세 시대를 행복하게 살기
위해서는 세 번의 경주를 성공적으로 마칠 수 있어야 한다.

첫 번째 경주는 취업해서 퇴직 전까지 직장에서의 생활이다.

두 번째의 경주는 첫 경주가 끝나고 노년의 시기인 마지막 세
번째 경주와 연결하는 중간 과정을 말한다.

그중 첫 번째 경주는 출발점에 들어가기도 쉽지 않지만, 결승점
까지 완주하기도 쉽지 않다. 게다가 최종 결승점에서 어떤 성적으
로 경주를 마치는가 하는 것도 중요하다. 경주 도중 수많은 경쟁
자들과 성과로 경쟁해야 하고 자신의 승진에 목숨을 걸어야 하며
부하직원들 관리와 상사에 대한 충성 경쟁 그리고 동료들과의 관

계 형성으로 전쟁 같은 나날들을 보내야 한다.

이 경주에서 혹자는 꿈의 자리라고 하는 임원에 오르기도 하지만 누군가는 평사원으로 마치기도 하고 누군가는 경쟁에서 탈락하기도 한다. 이 기간에 삶의 가장 큰 목적은 가족의 생계를 위한 경제 활동이고 가장에게는 일방적인 희생이 강요된다.

신체적으로는 일생에서 가장 활력이 넘치고 활동적이며 건강하고 활발하게 지내는 시기이기도 하다. 다른 한편으로는 결혼해서 가정을 꾸리고 자녀들을 출산해서 성장시키는 중요한 시기이다. 그러나 평생직장이 보장되던 성장 시대와는 달리 무한 경쟁이 요구되는 오늘날, 직장 내에서의 신분적인 성공보다 더 중요한 것은 '만기'까지 생존해야 한다는 것이다. 여기에서 말하는 만기란 정년 혹은 경제활동을 영위해야 하는 당위성이 있는 기간까지를 말한다.

따라서 첫 번째 경주에서 성공한다는 것은 결승점까지 어떻게든 생존하는 것을 최고의 목표로 삼아야 한다. 이렇게 직장에서 결승점까지 생존해서 골인하기 위해서는 경쟁에서 뒤처지지 않을 능력을 갖추어야 한다. 그래서 지금은 직장보다도 직업이 중요해졌다. 직업도 유행을 따른다. 시대 상황에 따라 직업의 호불호가 다르고 한동안 인기 있던 직업이 속했던 산업이 없어지며 그 직업 또한 사라지기도 한다. 이제는 한 가지 분야의 전문가보다 두세 가지를 잘할 수 있는 멀티형 인간이 경쟁력을 갖는 시대이다.

직장도 한 군데에 입사해 그곳에서 정년을 마칠 기회는 크게 줄었다. 우선 회사가 그렇게 오래 버텨 주지를 못 하고 폐업하거나 통폐합하는 등 변화가 심하다. 실례로 우리나라 증권거래소에 상장한 기업들의 평균 수명이 30년 정도임을 고려하면 창업 후 30년 이상 지탱하기도 쉽지 않다.

이 첫 번째 경주의 시기를 성공적으로 완주하기 위해서는 현업에서의 경쟁력은 물론 제2, 제3의 경력관리를 위한 준비를 잘 해야 한다. 이 기간에 염두에 두어야 할 중요한 또 한 가지는 이 경주만 완주하면 경기가 모두 끝나는 것이 아니라는 사실이다.

첫 번째 경주에서의 핵심은 순발력과 방향을 유지하는 것이다. 좋은 출발은 경주 전체에 영향을 미친다. 그 속도를 유지하고 다음 주자에게 연결하기 위해서는 자기 경로를 벗어나는 실수는 하지 말아야 한다. 다른 주자의 경로를 침범하면 실격된다. 자기 주로를 유지하기 위해서는 인생의 분명한 목표가 필요하며 전체 구간에 대한 이해도 필요하다.

목표가 분명하지 못하면 중도에 많은 시행착오가 생기며, 경우에 따라서는 다른 주자의 경로를 침범해서 실격될 수도 있기 때문이다. 이제 갓 사회생활을 시작한 20~30대라면 첫 번째 사회생활에서 자신의 전체 진로에 대한 전반적인 검토가 필요하다. 정말 이 길이 내가 가야 할 길인지, 진입이 잘못된 것은 아닌지 그리고 이 길을 가기 위해 충분히 준비돼 있는지 등에 대해 신중히 검토해 봐야 한다.

하지만 첫 번째 단계에서 이를 결정하기는 사실 무리가 따른다. 그 이유는 첫 번째 단계에서 전체적인 상황을 충분히 검토하기에는 연륜이 모자라기 때문이다. 선택에서도 아주 여유로운 상태라기보다는, 부모의 강요와 사회적인 분위기 그리고 전공이나 직업 선택의 다양성이 제한된 상태에서 현실회피의 수단이거나 어쩔 수 없는 선택의 결과일 수 있기 때문이다. 그래서 일을 시작하고 나서도 자기가 잘하고 좋아하는 일이 무엇인지 정확히 모르거나 다시 시작하기에 너무 늦었다고 느껴진다면 차선책으로 자신이 이미 시작한 분야에서 전문가가 되거나 지금 하고 있는 일을 좋아하도록 하는 것도 한 방법이 될 수 있다.

어떤 경우를 선택했다 할지라도 오래 사는 위험을 극복하기 위해서는 빠르게 변화하는 미래 사회에 적절하게 대응하는 생존전략이 필요하다. 그 첫 번째 단계가 변화를 이해하는 것이다. 미래 사회는 과거와 달리 정보기술과 커뮤니케이션 기법의 발달 그리고 세계화의 진전과 경제 금융기법의 발달 등에 힘입어 새로운 패러다임이 요구되고 있다. 따라서 평생직장이 아닌 평생직업으로 사고의 전환이 필요하다.

세계적인 기업도 방심하면 한순간 도태되는 등 지금까지 전설처럼 유지되던 대마불사의 신화가 무너지고 있다. 만들기만 하면 팔린다고 하던 공급부족 시장이 아닌 공급과잉 시장이 되면서 기업들은 생존을 위한 생산성 향상에 모든 것을 걸게 되었다. 따라서 이제는 조직에 대한 충성심이 최고였던 연공서열 방식에서, 누가 얼마나 생산성에 기여도가 높은가 평가하는 방식으로 전환되고 있다.

인텔사의 앤드루 그로브(Andrew Grove) 회장의 말을 되새겨볼 필요가 있다. "각자가 자기 자신의 경력을 설계하는 건축가가 돼야 하며 더 이상은 자신을 돌보는 일과 경력관리에서 장기적인 성공 책임을 회사가 맡아주길 기대하지 말고 스스로 생각하고 행동해야 한다."

IT 기술과 결합해 기계적인 장치가 전자장치로 대체되고 있는 자동차 산업, 기능성이 가미돼 의료상의 점검이 가능한 전자 의류가 만들어지는 의류시장, 손 안의 컴퓨터라 할 수 있는 스마트폰으로 대변되는 휴대폰의 진화처럼 세상은 기존 사고만으로는 미래를 대처하기 어려운 속도로 변하고 있다.

생존전략 두 번째 단계로, 이런 세상에서 오래도록 경쟁력을 갖추기 위해서는 끊임없이 자기계발을 해야 한다는 것이다. 대부분의 기업들에서는 다음과 같은 인재 유형이 존재한다고 한다. 먼저 공헌도가 큰 인재로 조직의 5퍼센트 가량 차지하는데, 기업에 있어 재산과 같아 '인재(人財)'로 표현한다. 두 번째, 노력하는 인재는 조직의 15퍼센트 점유하며 흔히 말하는 인재(人才)를 말한다. 세 번째, 받는 돈 만큼 또는 남들만큼 하는 인재(人在)는 조직의 70퍼센트에 달한다. 마지막으로, 있으면 해가 되고 타인에게도 나쁜 영향을 미치는 인재(人災)로 이들은 조직의 10퍼센트 정도에 해당한다. 이런 상황에서 좋은 인재(人財)로 남기 위해서는 시장가치 중심의 실력을 갖추어야 한다.

  많은 이들이 은퇴 후 재취업을 위해 이력서를 써보내고 채용결과에 목을 맨다. 하지만 자신의 채용 가능성과 채용 후 역할에 대해 객관적인 관점에서 생각해 봐야 한다.

  나는 공무원을 대상으로 퇴직 설계 혹은 인생경력 설계에 관한 강의를 많이 한다. 강의 중 그들에게 "퇴직 후 만약 재취업이 된다면 어떤 곳을 가게 될 것 같습니까?"라고 물었다. 대부분이 "아마도 그동안 알고 지내던 사람들이 무언가 기회를 주지 않을까 싶네요"라고 답했다. 이에 나는 "그런데 말이죠. 혹시 여러분 중에 자신이 진정으로 원하는 것이 무엇인지 한번 생각해 본 적 있나요?"라고 재차 물었다. 일순간 정적이 흘렀다.

  "상대방은 여러분이 전직 공무원이었다는 것에 대해 매력을 느끼고 전관예우라는 관행의 이점을 활용하려고 여러분에게 접근하는 것인데 이것이 과연 얼마나 오래갈 수 있을까요? 그리고 그런 이점이 다하면 그다음은 어떻게 될까요?"

그러자 많은 이들이 "그동안 너무 막연하게 미래를 생각해 왔군요. 미래를 내버려두고 있었다는 사실을 알게 되었습니다"라고 답했다.

퇴직 후 재취업을 원한다면 평범한 이력서보다는, 자신이 가지고 있는 것들로 상대방에게 어떤 분야에 어떤 이익을 제공할 수 있는지 그리고 그 이익을 체험한 이후 그것에 대한 이익을 어떻게 나눌지 제안서를 써보면 어떨까? 이렇게 한다면 자신의 가치를 제대로 알아보지 못해 인정해 주지 않는 조직에 연연해 하지도 않을 것이고 미래에 대한 두려움도 사라질 것이다.

지금부터 자신의 제안서에 무엇을 쓸 수 있을지, 회사와 나눌 수 있는 이익의 가치를 키우기 위해 무엇을 해야 하는지 생각해 보자.

6

통곡의 계곡을 무사히
건너는 법

우리가 어느 날 마주칠 불행은 우리가 소홀히 보낸,
지난 시간에 대한 보복이다.
- 나폴레옹

　　　　　　　야구경기에서 타구가 외야 깊
숙이 날아간 경우 외야에서 내야로 단번에 송구하지 못하므로 중
간에 있는 선수가 외야수로부터 공을 받아 다시 내야로 송구하게
된다. 이를 중계 플레이라고 한다. 이것이 잘되면 홈에서 주자를
아웃시킬 수도 있고 그렇지 못하면 점수를 주기도 한다. 외야에서
공을 잘 잡아 재빨리 던지는 것도 중요하지만 얼마나 깔끔하게 중
계하느냐가 중계 플레이의 성패를 좌우한다는 점에서 중계자의
역할은 매우 중요하다.
　육상 릴레이 경기에서도 비슷한 상황이 전개된다. 4명의 주자
가 이어 달리는 계주에서는 첫 번째 주자나 마지막 주자도 물론

중요하지만, 첫 주자와 마지막 주자를 연결하는 중간 주자의 역할이 매우 중요하다. 첫 주자의 성과를 이어서 더 잘 달릴 것인가 아니면 첫 주자가 이루어 놓은 성과를 반감시켜 마지막 주자에게 큰 부담을 줄 것인가가 결정되는 것이 중간 릴레이 주자의 역할이기 때문이다.

우리의 삶에서도 점차 이 중간의 역할이 중요해지고 있다. 앞서 이야기한, 직장을 다니는 동안의 첫 번째 경주를 무사히 마쳤다고 하더라도 '첫 번째 시기에 이어지는 남은 두 번의 경주를 어떻게 준비하느냐?'에 따라 완주 성공 여부가 결정된다. 평균수명이 70세 전후였던 시기에는 인생 전체 세 번의 경주 중 절반 이상을 차지하는 첫 번째의 경주를 가장 중요하게 여겼지만, 수명이 급속히 늘어나면서 상대적으로 중요성이 커진 후반부 경주에도 신경 쓰지 않을 수 없게 되었다.

첫 번째 경주만 잘 마치면 나머지 경주는 크게 염려하지 않아도 되었던 시기에 비해 이제는 그 후로 남은 경주들의 거리도 길어졌다. 첫 번째 경주에서의 체력 소모가 너무 크다. 다시 말해 지금보다 전체 경주 거리가 상대적으로 짧았던 과거에는 첫 번째 경주에서 준비한 것이 비록 많지 않더라도 자녀들의 도움을 받아 큰 문제없이 경주를 완주할 수 있었다. 하지만 지금부터 진행되는 두 번째 이후의 경주는 완주해야 할 기간의 길이와 의지해야 하는 자녀들의 지원 정도를 고려해 봤을 때 두 가지 모두가 비관적이라는 데에 더 큰 문제가 있다.

첫 번째 경주에서는 '성공적으로 완주해야 한다'는 명제와 아울러 그다음 경주를 위한 '체력의 비축도 그에 못지않게 중요하다'는 사실을 일찍 자각해야 한다. 이러한 상황에 대해 그 당시에는 중요성을 정확히 인지하지 못한다는 점에서 문제가 생긴다.

심지어는 만약 그 문제의 심각성을 인지한 경우에도 이것에 대한 대비는 뒷전이라는 점이 상황을 더욱 힘들게 만들 수 있다.

40대 가장들이 60세 이후 자신의 인생에서 중요한 것들, 예를 들어 건강이나 노후 자금 그리고 인생 2막을 위한 커리어 관리에 대해 고민하고 준비하는 것보다는, 눈앞에 닥친 현실적인 자녀들의 문제나 직장 내에서의 정치 싸움 등에 대해서만 집중하는 것이 바로 이런 현실을 보여준다.

여기서 꼭 짚고 넘어가야 할 점이 있다. 수명연장에 따라 첫 번째 경주인 직장생활을 무사히 마치고 인생의 마지막 결승주자인 노년의 시기까지를 연결해주는 새로운 긴 구간이 만들어졌다는 것이다.

과거에는 이러한 중간 과정 또는 남은 결승구간이 짧아서 첫 주자가 결승 주자에게 바통을 바로 넘길 수가 있었다. 따라서 중간 계주자의 역할이 크게 중요하거나 필요하지 않았다. 그러나 평균 수명의 연장에 따라 노년생활을 보호하는 사회보장 제도는 과거에 비해 점진적으로 후반부의 출발점이라 할 수 있는 개시 시기가 늦추어지는 경향이 있다.

하지만 상대적으로 근로 가능 시기는 이런 추세를 반영하지 못한 채 예전 수준에 머물러 있거나 연장 체감 속도가 느리며 때에 따라서는 오히려 앞당겨지기까지 하고 있다. 이처럼 노년의 시작점과 직장을 퇴직하는 시점이 불일치하기 때문에 이 구간이 새로운 관심의 대상으로 등장하게 된 것이다.

첫 번째 경주 이후의 경주에 대한 이런 사고는 문화적인 차이로도 해석할 수 있다. 우리나라에서 정년(停年)이라는 말은 머무를 정(停)자를 써서 '정지하는 나이'라는 의미를 포함하고 있다. 하지만 일본에서는 같은 말을 '그 직장에서 일하기로 정해진'이라는 의미의 정할 정(定)자를 사용한 정년(定年)을 더 많이 사용한다.

미국은 이미 정년이라는 말을 사용하지 않고 은퇴를 리타이어(Retire) 즉, 리(re, 다시)타이어(tire, 바퀴를 끼다)라고 해 새로운 인생후반부를 출발하기 위해 바퀴를 다시 갈아 끼우는 것으로 생각한다. 최근에는 리와이어(Rewire, 다시 끈을 조이다)라는 말도 사용되고 있다.

다시 말해 이 시점을 바라보는 시각과 관점에서 차이가 존재한다. 미국의 경우, 1967년에 65세 미만의 강제퇴직을 연방정부 차원에서 금지한 이후 1978년에는 강제퇴직 나이의 하한이 70세로 상향 조정되었고, 1986년에는 나이에 기반을 둔 강제퇴직 제도가 법적으로 완전히 폐지되었다.

일본의 경우 연령차별과는 별개의 문제로 정년제의 제도적 개선을 시행하고 있는데, 연금수급 개시연령을 60세에서 65세로 단기적 상향 조정함과 연계해 우리나라보다 20년 정도 앞선 1994년, 고 연령자 고용안정법을 개정해 60세 정년을 의무화했다(60세 미만 정년제 금지). 이어서 2004년, 고 연령자 고용안정법 개정에서는 65세까지의 단계적인 고령자 고용안정 확보를 위해 고 연령자 고용확보 조치(정년연장, 정년폐지 또는 계속고용제도의 도입)의 실시를 의무화해 2006년 4월 1일부터 시행하고 있다.

하지만 우리나라는 아직 대부분의 기업들이 55세(2016년부터 60세)가 되면 이제 더는 일하면 안 되고 물러나서 조용히 있는 나이라고 여긴다. 근로자들도 그것이 당연하다고 생각한다. 하지만 일본에서는 정년을 '그 직장에서 일하기로 정해진 나이'라고 봄으로 새로운 일을 하는 데 있어 가능성이 열려 있다. 실제로 정년퇴직한 많은 고령자들이 실무현장에서 일한다.

인생 전체의 경주를 무사히 완주하기 위해서는 첫 번째 경주를 마친 이후 맞게 되는 두 번째 경주에서 주자의 역할이 매우 중요하다. 첫 번째 주자의 속도를 유지하고 때에 따라서는 가속도를 붙여 결승 주자에게 연결해야 하는 막중한 사명이 있기 때문이다.

그러나 현실에서 대부분의 은퇴자들은 정작 결승점이라 할 수 있는 노년기에 들어가기에 앞서 맞이하게 되는 이 기간을, 오랫동안 유지돼 오던 앞서 말한 바와 같은 고정관념에 발목이 잡혀 제대로 대비하지도, 적응하지도 못하고 있다. 속도를 유지하기는커녕 정지해서 방향을 잃어버리고 헤매면서 다음 경주에 도달할 시점에는 첫 번째 주자의 속도와 열정은 다 사라져 버린 모습으로 완전히 바뀌기도 한다. 그래서 이 구간을 '통곡의 계곡'이라 칭한다.

통곡의 계곡을 무사히 넘기기 위해서 가장 중요한 것이 첫 번째 주자가 가지고 있던 관성을 유지하는 것이다. 관성이란 물리학에서 말하는 운동법칙으로 '외부의 힘이 가해지지 않는 한 움직이고 있는 물체는 계속 움직이려고 하고, 정지해 있는 물체는 계속 정지해 있으려고 하는 것'을 말한다.

첫 번째 경주를 마치고 통곡의 계곡에 입장하는 주자 대부분은 속도를 늦추거나 멈추어서 휴식을 취하려고 한다. 그동안 달려온 길이 너무 멀고 힘들었다는 생각 때문이다. 그러나 정지해서 계속 쉬다 보면 휴식을 통해서 열심히 달릴 때 원하던 그런 만족감을 얻을 수 없다는 것을 곧 알게 된다. 이렇게 되면 첫 번째 경주처럼 다시 달리기가 쉽지 않다.

비행기가 활주로에 착륙하다가 갑자기 다시 이륙을 시도하는 것은 매우 위험하다고 한다. 활주로가 짧은 경우 이륙에 필요한 양력을 확보하지 못한 상태에서 무리하게 이륙을 시도하다가 추락하는 경우가 있기 때문이다.

퇴직 후 통곡의 계곡을 건너는 방법도 이와 다르지 않다. 일정한 속도로 먼 거리를 달려와서 지금까지의 달리기는 모두 잊어버리고 편안한 휴식만을 추구하다가 갑자기 다시 달리기를 시작한다면 절대로 성공적인 달리기를 할 수 없다. 근육 또는 체력에 무리가 와서 얼마 가지 못하고 주저앉아 버리게 될 것이다.

열심히 일한 후 적당한 휴식은 필요하다. 퇴직 후 일정기간의 휴식이 새로운 출발을 위한 적절한 방식의 휴식인 경우라면 다시 시작하는 경주에서 필요한 새로운 원기를 얻어 좋은 속도를 유지할 수 있겠지만, 휴식 자체가 목적인 맹목적인 휴식은 다음 경주를 위해 바람직하지 않다.

실제 우리의 삶에서도 대부분의 사람들이 주 소득원으로 활동하는 기업들은 55세 정년을 선택하고 있다. 2016년부터 60세로 연장한다고는 하지만 실효성에는 여전히 의문이 남아있다. 국가가 노년이라고 보호해 주기로 정한 나이는 65세인 경우가 대부분이다. 그러나 노후소득 대체수단으로 가장 큰 제도인 공적연금 제도도 65세부터 지급되도록 정해져 있다. 국민연금과 공무원연금, 사립학교 교원연금 등이 그렇다. 경로우대가 되는 나이도 65세부터이다. 회사에서는 나이가 많다고 55세에 내보내는데 정작 노인으로 대접을 해주는 것은 65세부터인 셈이다.

정년을 60세로 하는 법이 통과되었지만 그렇다고 모든 근로자가 60세까지 정년을 보장받는 것은 아니다. 기업에서 60세가 되기 전의 근로자를 나이 때문에 퇴직을 시켜서는 안 된다는 것일뿐이고, 정년퇴직 말고도 기업들이 구조조정을 통해 실시하던 조기퇴직이나 명예퇴식 등은 그대로 남아 있기 때문이다. 실제 정년 퇴직자보다 중도에 이루어지는 조기 퇴직자가 훨씬 더 많다는 사실만 봐도 이 법으로 정년이 보장되지 않는다는 것을 알 수 있다.

이 기간이 야구경기에서 중계자의 역할 그리고 계주에서 계주자의 역할을 해야 하는 시기이다. 이 기간 최고의 명제는 첫 주자와 결승주자와의 연결고리 역할을 충실히 하는 것이다. 따라서 될수 있는대로 그 속도를 유지할 수 있는 터치 방식을 훈련해야 한다. 또 바통을 놓치는 치명적인 실수는 하지 말아야 한다.

중계에서 신경 써야 할 항목들이 있다. 첫 번째는 관계에 대한 문제이다. 퇴직 후에는 은퇴 전 관계를 맺었던 사람들과는 단절되기 쉽고 새로운 형태의 교류가 이루어져야 하지만 이것이 쉽지 않다. 가장 가까운 배우자와 자녀 그리고 형제자매들과 친구 등의 관계를 다시 점검해보고 65세 이후까지 유지해야 할 이상적인 방식으로 인간관계를 새롭게 설정해야 한다. 우리가 일상에서 자신을 인지하고 자존감을 느끼는 것은 이러한 관계에서 비롯되기 때문이다. 은퇴 전에는 자존감의 중요한 요소인 직장과 직책이라고 하는 신호기재가 있어 자신을 쉽게 설명할 수 있다. 하지만 은퇴 후에는 이것을 대체할 수 있는 무언가를 주변과의 관계 속에서 만들어야 한다.

다음으로 건강에 대한 문제이다. 직장을 다니는 동안은 출퇴근 하느라 대부분은 규칙적으로 생활하게 되고, 매년 건강진단 등을 통해서 자의든 타의든 건강이 관리된다. 하지만 자기 스스로 일정을 만들고 행동하는 퇴직 후 생활은 이런 규칙적인 활동이 급속하게 무너지게 된다. 이외에도 연로한 부모, 결혼적령기에 있는 자녀의 결혼비용, 경조사비, 체면유지비 그리고 잘못된 투자 등이 통곡의 계곡을 건너는 데 버티고 있는 장애요소들이다.

다시 말하지만 계주에서는 주자들 간의 바통 터치 구간이 매우 중요하다. 정해진 구간 안에서 이루어져야 함은 물론 전 주자가 달리던 속도가 감소해서도 안 된다. 우리 인생의 바통 터치 구간도 이와 다르지 않다. 이 기간에 발생할 수 있는 다양한 상황들을 극복할 수 있는 충분한 준비가 그 구간 시작 전에 돼 있어야 한다.

7

인생의 앵커로
멋지게 마무리하기

지나간 시간에 후회하는 삶보다는
다가오는 삶에 의미를 부여하는 시간이 훨씬 아름답다.
- 톨스토이

앵커(Anchor)라는 말은 닻이라는 의미로 사용된다. 방송에서는 아나운서나 뉴스 해설자를 일컫는다. 육상 경기에서는 계주의 마지막 주자를 앵커맨(Anchor Man)이라고 한다. 마지막 주자의 역할이 그만큼 중요하다는 것을 의미한다고 볼 수 있다. 앞 주자들이 아무리 잘 달렸더라도 마지막 주자가 실수하면 결국 경기는 지게 되기 때문이다.

우리 인생도 마찬가지다. 앞의 두 주자가 열심히 결승점을 향해 달려와 앵커에게 바통을 넘기면 앵커는 마지막 구간을 정말 멋지게 달려야 한다. 마지막 주자인 앵커는 첫 주자에 비해 가족에 대한 책임감도 덜하고 무언가를 꼭 해야 한다는 타인의 지시나 감독으로부터도 자유로울 수 있다. 두 번째 주자처럼 다음 주자를 위해 무엇인가를 연결해 주어야 한다는 압박감도 덜한 상태일 수 있다. 오로지 자신이 목표로 하는 목적지를 향해 최선을 다해 자신의 길만 달리면 된다. 따라서 어찌 보면 훨씬 편안한 경로이기도 하다.

인생을 교향곡에 비유하기도 한다. 교향곡은 대부분 4악장으로 구성되어 있다. 부모로부터 돌봄을 받는 유년기인 1악장과 성인이 되어 가족을 돌보는 시기인 2악장, 노년을 준비하는 3악장, 그리고 인생의 마지막을 장식하는 노년의 시기가 교향곡의 4악장에 해당한다. 4악장에는 교향곡의 주제가 가장 함축적으로 포함돼 있다. 따라서 인생에서도 마지막 단계를 어떻게 경주해야 하는지 신중히 결정해야 한다. 그래야 인생 전체로 볼 때 성공적이라고 결론을 낼 수 있을 것이다.

교향곡 중에는 차이콥스키의 〈비창〉도 있고 베토벤의 교향곡 9번 〈합창〉도 있다. 인생의 모든 고뇌와 우울함을 표현한 〈비창〉의 초연 후 며칠 지나지 않아 차이콥스키는 급사한다. 반면에 베토벤은 극한의 상황인 귀가 들리지 않는 상태에서도 신에 대한 감사와 인생을 찬미한 〈합창〉 교향곡을 완성할 수 있었다. 그의 마지막은 그만큼 의미 있었고 아름답게 평가되고 있다.

패기에 넘치고 혈기 왕성한 젊은 시절에 대한 준비도 필요하다. 하지만 삶을 마무리하는 가장 중요한 기간이라 할 수 있는 마지막 단계에 대해서도 준비는 필수이다. 어쩌면 더욱 중요하다. 대부분 준비 소홀로 자신의 인생 전체가 흔들리기 때문이다. 계주의 앵커로서 역할 또는 〈합창〉 교향곡의 마지막 악장처럼 멋지게 장식할 수 있도록 준비해야 한다.

계주에서는 마지막 주자를 가장 빠른 사람으로 배치한다. 이것은 마무리가 전체 성적을 결정짓는 요소라고 보기 때문이다. 혹시라도 중간에 어느 정도 실수하거나 실력이 모자라더라도 마지막 앵커가 잘하면 역전도 가능하고 우승을 노릴 수도 있기 때문이다.

은퇴 후에 무엇을 하며 지낼 것인가는 단순히 은퇴 전의 삶에 대한 만족도와는 다른 인생 전반의 평가를 위한 가장 중요한 기간일 수 있다.

세계적인 투자가이며 세계 최고 갑부 중의 한 명인 워런 버핏이 자신의 모교인 네브래스카 대학에서 빌 게이츠와 함께 학교 후배들과 허심탄회한 대화를 나눈 적이 있다.

한 학생이 두 사람에게 "사업 외적인 면에서 인생의 성공이 무엇이라고 생각합니까?"라고 질문했다.

빌 게이츠는 "그 무엇보다 가정을 꾸미고 자식들을 올바르게 키우는 일이지요"라고 답했다. 워런 버핏 또한 "많은 사람들에게 사랑을 받는다면 그것이 곧 인생의 성공이라고 생각합니다"라고 했다. 이에 덧붙여 "내가 아는 한 사람은 그의 이름과 같은 대학이 있고 매일 성대한 파티도 열지만, 그에게는 진심으로 그를 사랑하는 사람이 단 한 명도 남아 있지 않습니다. 참으로 안타까운 일이지요. 내 나이가 되면 사람들에게 사랑받는 것이 제일 행복한 일입니다. 내가 아는 한 사람은 조그만 회사에서 소소한 일거리를 하며 평생 살아 왔지만, 그는 오늘도 많은 사람들로부터 사랑받고 있지요. 이것이 바로 행복 아닐까요?"라고 했다.

사랑받고 싶은 사람들로부터 사랑받는 것이 진정으로 성공한 인생이라면 우리 인생의 말년도 바로 그러해야 할 것이다. 젊어서의 화려함 속에 발목 잡혀 한 발자국도 앞으로 나가지 못하고 자신의 울타리 속에서 방황해서는 안 된다. 인생 초반부의 삶을 근거로 오늘의 현실을 인정하고 더욱 나은 내일을 위해 주변의 많은 이들과 어울려 지속적으로 전진해야 한다. 이것이 인생 후반부에 얼마나 중요한 것인지 다시 한 번 생각해 보았으면 한다.

제2장

—

은퇴 후
달라지는 것들

1

퇴직을 대비하는
바람직한 방식

은퇴상담을 하다 보면 최근 은
퇴했거나 은퇴를 목전에 둔 많은 이들을 만난다. 이미 은퇴한 사
람들은 대부분 은퇴 후의 날들이 너무 낯설기만 하다는 공통적인
반응을 보인다. 은퇴를 바로 앞둔 많은 이들은 은퇴 후 삶에서 변
화가 올 것이라는 사실에 대해 막연하게 두려움을 가지고 있다.
실제로 은퇴자들은 대부분 은퇴 후에 어떤 변화가 있을 것이라는
것을 알고 이에 대비한다고 하지만, 실제 은퇴생활에서는 생각지
도 못했던 사소한 것에서부터 문제가 생긴다고 말한다.

출근을 안 한다는 사실을 빼고 나면 사실 은퇴자 주변은 크게
달라지지 않는다. 그런데도 마치 전혀 다른 세상에서 사는 것처럼

외국으로 이민을 온 것 같은 낯선 상황들이 이어지는 것 같다고들 한다. 이 기간에 어떻게 적응하고 이후 남은 삶으로 순조롭게 이어가냐에 따라 은퇴생활의 삶의 질은 달라질 수 있다.

비서를 두고 생활했던 어떤 퇴직자는 "내가 할 수 있는 모든 것들을 비서가 빼앗아 갔어요"라며 분노했다. 그는 "회사에서는 근무 당시 중요한 의사결정만을 제외하고 모든 것들을 비서가 처리해 주었지요. 막상 퇴직하니 이런 일을 해 주는 이가 없어 정말 집 밖을 나서기가 두렵군요"라고 했다.

자동차와 운전면허는 있지만 운전을 직접 해본 지 까마득하고 뒷자리에 앉아서 기사가 목적지에 데려다 주는 생활에 익숙해져서 길도 잘 몰라 자가운전은 엄두도 안 난다고 했다. 대중교통을 이용하자니 버스와 지하철의 이용방식이 까다로워 이 역시 만만치 않다고도 했다. 집에서 컴퓨터를 하려고 해도 메일 하나 주고받을 수 없고, 외부에서 강의 의뢰가 와서 자료를 하나 만들려고 해도 그동안 초안을 검토해서 확인해 주면 깔끔하게 만들어진 자료를 보고 발표만 하던 습관 때문에 간단한 문서 하나 직접 작성할 수 없다면서 "비서가 나를 바보로 만들어버렸어요"라고 탄식했다.

가족의 반응도 은퇴자를 당혹스럽게 한다. 최근 한 선배가 갑작스레 퇴직했다. 한 감독기관에 있다가 옮긴 협회 부회장 자리를 한 번 연임하고 아직 임기가 많이 남아있는 상태에서 갑자기 해임 통보를 받게 된 것이었다. 언젠가는 퇴직하리라는 것을 알고 있었지만, 막상 졸지에 퇴직하고 보니 상황이 잘 이해가 되지 않고 실감이 나지 않았다고 했다. 퇴직 후 부부가 감독기관 시절에 근무했던 곳인 유럽으로 한 달간 여행을 다녀와서야 퇴직했다는 것을 조금씩 느끼고 있다고 했다.

그런데 정작 자신이 퇴직한 것을 가장 먼저 알고 위기감을 느낀 사람은 다름 아닌 현재 박사학위 과정에 있는 30대 아들이었다고 한다. 그동안 학생신분으로 건강보험 상에 아버지의 부양가족으로 등재돼 자신은 보험료 부담이 전혀 없었는데, 아버지가 퇴직하고 나니 아버지도 지역가입자로 전환되고 자신도 지역가입자로 자격이 바뀌어서 자신이 보험료를 부담해야 한다는 사실에 힘들어 했다는 것이다.

"태어나서 지금까지 누려온 아버지 회사의 모든 복리후생 제도가 없어지고 회사에서 공급되던 차량이나 기사도 없고 모든 것을 아버지 혼자서 스스로 진행해야 하는 사실이 믿기지 않네요"라고 하면서, 취업의 기회가 주어졌던 석사과정 시절에 취업하지 못한 것에 대해 많이 후회하더라고 선배가 전했다.

이처럼 퇴직은 우리에게서 급여만을 빼앗아 가는 것이 아니다. 퇴직으로 삶의 많은 부분들이 바뀐다. 이 선배처럼 대부분의 퇴직은 어느 날 갑자기 찾아온다. 물론 미리 예견돼 있던 정년에 하는 경우도 있지만, 요즘은 갑자기 찾아오는 경우가 더 많다. 신분에 대한 보장이 불확실한 기업체 임원의 경우는 더욱 심하다. 오죽하면 임시직원의 준말이 임원이라는 말까지 있을까? 갑자기 찾아온 퇴직은 여러 가지를 앗아가지만 그중에서도 가장 중요한 세 가지 상실이 있다.

그 첫 번째가 권력(Position Power)의 상실이다. 직책으로 누릴 수 있었던 모든 것들이 퇴직과 동시에 사라진다. 전관예우라는 것이 있긴 하지만 그 효력은 오래가지 못한다. 호랑이 등이라는 말이 있다. 바로 전관예우는 호랑이 등과 비슷하다. 호랑이 등에 올라 탄 사람은 모든 짐승들이 호랑이 등에 탄 모습 때문에 피하는 것을 자신이 무서워서 피하는 것으로 착각하는 것과 같다. 그만큼 권력을 상실함과 동시에 사회에서의 대우는 확연히 달라진다.

두 번째, 전문성(Expert Power)의 상실이다. 퇴직 후 같은 분야에서 새로운 일을 하지 않는 한 회사에서 인정받던 실력은 퇴직 후 전혀 쓸모없는 지식이 된다. 경리전문가이거나 품질관리담당자라던가 연구원 등의 직책들이 회사 내에서는 전문가로 인정받을 수 있지만, 정작 퇴직 후에는 그 실력을 사용할 만한 기회가 주어지지 않는다. 지금까지 여러 사람들이 자신을 향해 얘기하던 어느 부서의 전문가라는 이야기는 어디에서도 다시 듣기 어렵게 된다.

세 번째, 자금(Capital Power)의 상실이다. 직장을 다니는 동안 급여통장을 모두 배우자에게 맡긴 경우라 해도 경제적인 부분에서는 나름대로 여유가 있었을 것이다. 그러나 주 소득원인 급여가 끊어지고 나면 퇴직 전처럼 그렇게 자유롭게 재무적 의사 결정을 하기는 어려워진다.

어떤 이는 퇴직 당년도에는 남편에게 충분한 용돈을 주다가 1년 후부터는 그 금액을 반으로 줄였다가 그다음 해부터는 필요할 때마다 아쉬운 소리를 해야만 용돈을 준다고 한다. 주 소득원이 중단된 상태에서 지출을 줄일 수 있는 가장 만만한 대상이 소득활동을 하지 않는 남편의 용돈이라는 생각이 들었다는 것이다.

위의 세 가지 외에도 몇 가지 것을 상실하게 되는데 그중 하나가 바로 후광효과이다. 어느 직장을 다닌다는 것만으로도 자신의 신분과 정체가 결정되기 때문에 자신의 객관적 실체보다 나아 보이게 되는 신분상승의 혜택도 더는 기대하기 어렵게 된다.

또 알게 모르게 직장은 직원들에게 직접적인 급여 외에도 여러 가지 복리후생 제도를 제공한다. 퇴직자에게도 일부 그러한 혜택을 주는 곳도 있지만, 대부분 퇴직과 동시에 그러한 혜택들은 모두 없어진다. 대표적인 것이 법인카드다. 금전적인 혜택을 주던 법인카드와 각종 회원권들도 모두 반납해야 한다. 그래서 남편이 퇴직하기 전에 법인 회원권을 활용해야 한다고 주변 친구들을 데리고 남편 비서에게 부탁해서 회사의 콘도와 골프회원권을 열심히 활용하는 부인들도 있다. 그 부인의 친구들은 가급적이면 친구 남편이 직장을 오래 다니게 해 달라고 기도한다는 우스갯소리도 있을 정도이다.

퇴직 후의 생활을 잘 영위하기 위해서는 퇴직 전부터 퇴직 후 일어나게 될 이러한 사실들에 대해 정확히 알고 대비해야만 한다. 그래야 그 충격을 최소화해서 바람직한 은퇴생활을 할 수 있게 될 것이다. 퇴직 후 잃어버리는 것과 더불어 새롭게 늘어나는 것들에 대해 미리 점검해야 한다. 그렇다면 늘어나는 것에는 무엇이 있을까?

우선 퇴직하고 나면 시간이 많아진다. 그 시간 동안 평소 눈에 띄지 않던 새로운 것들이 눈에 많이 보인다. 집안의 냉장고 속이나 주방 등에 무질서하게 흩어져 있는 살림살이들이 눈에 거슬릴 것이다. 평소 직장에서 정리정돈 하는 습관이 있는 사람들은 이런 상황을 견디지 못하고 잔소리하게 된다. 이런 잔소리를 듣게 된 아내는 처음에는 퇴직한 남편의 심정을 이해하고 어느 정도는 참고 넘기겠지만 지금까지 자신의 생활방식을 송두리째 바꾸게 되는 남편의 지속적인 개입은 아내의 임계 인내 수위를 초과하게 되고 부부싸움으로 연결되기 쉽다.

여기에 퇴직금이나 지금까지의 직장 인맥을 노리고 사업 동업을 제안하는 이들도 늘게 된다. 정확한 판단 없이 처해 있는 상황을 피하려는 심리에서 이런 제안에 동의하게 되면 오래지 않아 자신의 선택에 후회할 확률이 매우 높아지게 된다.

가장 위험한 것은 근거 없는 자신감이다. 직장을 다니는 동안 을의 관계에 있는 많은 업체들의 경영 능력이나 아이템이 별것 아닌 것처럼 보여서 자신이 그들보다 훨씬 잘할 수 있을 것 같고 성공할 것 같은 자신감이 충만해진다. 그리고 퇴직과 동시에 새로운 사업을 시작하게 된다. 하지만 자신과 만나던 사람들이 보여준 그 모습이 사업의 전부가 아니라는 것을, 보이는 것보다 보이지 않는 부분이 훨씬 더 많은 빙산의 모습과 같다는 것을 사업을 시작하고 나서야 알기 쉽다. 퇴직 후 자신의 삶을 준비하는 것은 매우 중요하지만 막연한 자신감으로 무모하게 시작해서는 안 된다.

이런 퇴직 후의 변화에 대응하는 가장 좋은 방법은 퇴직 전에 이런 변화될 일상을 미리 재연해 보는 것이다. 일주일 동안 아무것도 하지 않고 텔레비전만 보면서 지내보거나 자신을 전혀 알아보지 못하는 사람들과 어울려 자신의 직장과 직책을 감추고 은퇴자처럼 행동해보는 것이다.

현재 자기가 누리고 있는 것이 얼마나 많은지 그것에 대해 얼마나 익숙해져 있는지를 알아야 한다. 그리고 그러한 것이 없을 때 어떤 상황에 노출되는지 그리고 그 심정이 어떤지를 미리 알아보는 것이다. 그래야만 그것들을 마음 편히 내려놓을 수 있고 그 충격을 줄일 수 있다.

아울러 퇴직 후 삶이 퇴직 전 삶의 연속선상에 있긴 하지만 지나치게 과거에 집착해서 연연해 하거나 아쉬워만 하지 말아야 한다. 새롭게 펼쳐지는 세상은 새로운 방식으로 접근해야 한다는 사실을 인정하고 이를 극복할 수 있도록 준비해야 한다. 어떤 경우든 퇴직 당시의 충격은 발생하지만 될 수 있으면 그 크기를 줄이는 방식을 찾아야 하며, 좀 더 적극적인 방식으로 은퇴 후 생활에 적응하기 위해서는 수명 100세를 대비하기 위한 제2, 제3의 경력까지 준비해야 한다.

그런데 새로운 경력을 준비하는 것까지 동의하더라도 문제는 어떤 분야에 진출할 것인가이다. 우리가 종사하는 직업에 대한 만족도는 개인과 직업이 맞는 정도(Person-Vocation Fit)를 말하는데, 이는 자신의 특성을 먼저 이해하는 데서 출발한다. 자신의 특성에 적합한 직업이란 자신의 역량을 발휘할 수 있는 직업이어야 한다.

이에 관련된 요인 중 개인 요인으로는 가치관과 흥미, 성격, 적성, 능력 등이 있다. 직업 요인으로의 업무 특성에는 직업선택을 위해 필요한 능력과 자질, 보상체계 및 미래 전망이 있다. 이런 직업선택 과정에서 고려하는 개인 요인으로는 가치관을 들 수 있다. 이는 개인이 특정상황에서 어떤 선택이나 결정을 내려야 할 때, 특정한 방향으로 행동하게 하는 원칙, 믿음, 신념을 말한다. 그러나 이런 요인들은 내면적인 신념이므로 자각하기가 쉽지 않다. 그래서 이것을 찾기 위한 과정으로 스스로 이런 질문을 던져 보는 것이다.

"나는 어떤 인생을 살고자 하는가?"
"나는 어떤 삶이 가치 있는 삶이라고 생각하는가?"

이 질문에 대한 답을 찾아보기 위해 표준화된 가치관 검사를 이용하거나 집단 프로그램을 통해 알아보는 것도 좋은 방법이다. 흥미도 좋은 일을 선택하는 중요한 기준이 된다. 흥미란 일에 대한 몰두와 성과에 영향을 미치는 중요한 요인으로 어떤 종류의 활동이나 사물에 대해서 특별한 관심이나 주의를 갖게 하는 개인의 일반화된 행동경향을 말한다.

흥미는 직업에 대한 만족도와 노력의 투여량, 지속적 종사기간을 결정하는 중요한 요인이기도 하다. 그런데 이런 직업에 대한 흥미는 개인의 성장에 따라 변화하게 된다. 직업에 맞는 적성도 중요한 요인이 된다. 적성은 일종의 특수 지능으로서 특히 특정한 직업을 수행하는 데 필요한 특수한 능력을 말한다. 이것도 여러 가지 표준화된 적성검사를 통해 평가할 수 있다.

직업선택에서는 성격도 중요한 요인이 된다. 성격은 시간과 상황에 상관없이 개인이 지속해서 지니는 일관된 특성을 말한다. 예를 들면 활동적인 일을 좋아하는 사람과 사무실에 앉아 있는 것을 잘하는 사람은 직업적 선택이 각자 달라져야 한다.

실제로 상담과정에서 만난 많은 이들은 "저는 제가 정말 좋아하는 것이 무엇인지 모르겠어요"라고 하며 어떤 것을 하는 것이 좋을지 질문해온다. 나는 이런 경우 정말 그것을 모르겠다면 평소 관심이 있었거나 남이 하는 것이 좋아 보여서 부러웠던 것들을 일단 시도해 보라고 한다. 실제로 자신이 좋아하는 것으로 생각했던 것들이 막상 시작해 보면 생각만큼 재미있지 않고 때에 따라서는 너무 소질이 없거나 적성에 맞지 않을 수도 있고, 생각지 못했던 분야에서 새로운 즐거움이 생기는 것을 경험할 수도 있다.

사업을 하려고 한다면 그 분야에 대해 많이 준비하라고 권유한다. 남해에 있는 조선소의 퇴직 예정자들을 대상으로 강의한 적이 있다. 이들 중 대부분을 차지하고 있던 생산직 근로자들은 조선산업의 경기가 좋아서 정년이 2년이나 늘어나 원래 정년보다도 2년이나 더 근무하고 퇴직하게 된 것인데, 한 달 뒤 퇴직하게 되는 이들도 퇴직 후 삶에 대해서는 특별한 준비가 없었다. 그런데 한 분이 손을 들고 자신의 퇴직에 대한 소감을 이야기하겠다고 했다.

"저는 야생란 가꾸는 것을 좋아합니다. 10년 전부터 아내와 함께 섬 지방을 다니며 야생란을 채취해 화원에다 가꾸고 있습니다. 한 달 뒤면 퇴직하네요. 아내가 퇴직 선물로 카메라를 한 대 사준다고 했습니다. 그러면 그 카메라를 들고 아내와 같이 야생란을 채취하며 사진도 찍고 야생란 농원을 가꿔가려고 합니다."

연수기간 동안 퇴직이라는 상황을 극복하기 위해 늦은 밤까지 술을 마시고 강의 시간에도 비몽사몽 상태에 있던 나머지 많은 퇴직 준비자들과는 너무나 대조되는 모습이라 아직도 그 기억이 선명히 남아 있다. 자신의 가치관에 맞고 흥미 있고 성격과 적성에 맞는 일을 찾아 하는 것이 만족도 높고 행복한 삶으로 가는 지름길이다.

2

인구통계를 알아야
제대로 은퇴설계도 한다

우리가 받은 인생은 짧은 것이 아니다.
다만 우리 스스로 인생을 짧게 만드는 것뿐이다.
ㅡ 세네카

　　　　　　　　　　　　새끼 돼지들과 엄마 돼지가 소
풍 가는 이야기의 이솝우화가 있다. 열두 마리의 돼지들이 소풍을
가다가 개울을 건넌 후 엄마 돼지는 빠진 돼지가 없는지 숫자를
센다. 하지만 자기를 빼고 세는 바람에 열한 마리밖에 없다고 생
각한다. 그리고는 잃어버렸다고 생각한 한 마리를 부지런히 찾아
다닌다.

　열한 마리의 돼지가 이동하는데도 숫자를 확인하는 것은 매우
중요한 일이다. 그런데 하물며 한 나라의 총인구를 확인하고 예측
하는 것은 얼마나 중요한 일일까? 나라의 정책을 수립하고 운영
하는 데에 그 중요성은 두말하면 잔소리다.

예측하지 못했던 고령화로 인구구조가 급변하는 시점에서 앞으로 은퇴를 맞이하게 될 이들을 위한 합리적인 은퇴설계에 있어서도 총인구는 여러 가지 분야에서 큰 영향을 미치게 된다. 우선 전체 인구의 구조가 변화하는 모델은 크게 네 가지가 있다. 여기에는 출산율과 평균수명이 영향을 미친다.

첫 번째, 출산율이 높고 사망률도 높아 평균수명이 짧은 모델이다. 이때는 인구에 큰 변화가 없다. 두 번째, 출산율이 증가하고 사망률이 낮아져 평균수명이 늘어나는 시기이다. 이때는 인구가 급격히 늘게 된다. 세 번째, 출산율이 낮고 사망률에도 변화가 없는 시기이다. 이때 인구는 답보 상태를 보인다. 마지막 단계로는 출산율은 떨어지고 사망률이 높아지는 시기로, 인구가 급격히 감소한다.

현재 인류는 두 번째와 세 번째 단계가 겹쳐진 상태이다. 우리나라를 비롯한 여러 나라들이 조만간 세 번째와 네 번째 단계에 들어서게 된다. 인구통계가 은퇴생활에 미치는 영향을 살펴보면, 미래의 라이프스타일을 예측 설계하는 방법에는 크게 두 가지가 있다. 하나는 과거의 경험치를 통해 미래를 추론하는 방법이고 또 하나는 인구통계를 추계하는 것이다.

우선 앞서 은퇴생활을 경험한 선배들의 경험치를 사용해 미래를 예측하는 것은 몇 가지 문제를 내포하고 있다. 이미 은퇴생활을 하고 있거나 은퇴생활을 마친 세대와 이제 막 시작하거나 아직 은퇴생활을 시작하지 않는 세대는 은퇴생활 환경이 확연히 다르다. 은퇴자에 대한 사회보장 제도와 라이프스타일이 다르기 때문이다.

다음으로는 은퇴생활 기간이 다르다. 평균수명의 증가로 은퇴생활 기간이 크게 달라졌다는 것이다. 퇴직하고 몇 년간 자식들의 돌봄을 받고 손자들과 지내다가 여생을 마치던 세대와는 너무나 다른 은퇴생활을 해야 한다. 따라서 이들의 은퇴생활을 예측하는 방법으로는 과거 경험치보다는 미래 인구통계의 추정치를 활용하는 것이 효과적이다.

인구통계에서 은퇴생활에 영향을 미치는 요소로는 전체 인구수와 평균수명에 대한 통계들이다. 전체 인구수는 수급자의 입장에서 직접 은퇴생활을 하는 은퇴자의 숫자와 이들에게 지원하는 경제활동 인구를 가늠할 수 있는 요소이고, 평균수명은 은퇴자에 대한 지원 정도를 측정하는 데 중요한 요소이기 때문이다. 우리나라에서 은퇴설계에 사용할 수 있는 총인구에 관한 통계는 주민등록 인구, 총 조사 인구, 추계 인구 이렇게 세 가지가 있다. 이 중에서 추계 인구가 우리나라 공식 인구통계에 해당한다.

주민등록 인구는 안전행정부의 주민등록신고에 기반을 두고 작성한 통계로서 매월 말일을 기준으로 집계하며 선거 등 필요한 시점에 집계하기도 한다. 주민등록 인구는 주민등록상의 거주지와 실제 거주지의 불일치, 거주 불명자, 유학이나 취업 등으로 해외에 거주하는 내국인이 상당수 포함되어 있는 등 한계점이 있다.

총 조사 인구는 5년마다 실시하는 통계청의 인구주택 총 조사를 통해 조사원이 직접 가구를 방문해 작성한 것을 집계한 통계이다. 총 조사 인구는 실제 거주지에서 조사하기 때문에 인구의 규모뿐만 아니라 구조나 특성에 대해서도 많은 정보를 제공해주는 이점이 있지만, 생활방식이 복잡해지면서 유동성이 심한 계층이 누락될 수 있는 우려가 있다.

추계 인구는 주민등록 인구와 총 조사 인구의 한계를 극복하기 위해 통계청이 총 조사인구를 토대로 출생, 사망, 인구이동 등 여러 가지 변수를 고려해 실제적인 인구를 추정해 작성하는 인구통계이다. 추계 인구는 정부의 인구에 관한 공식통계로서 주요 정책 수립에 활용된다. 다만 추계의 특성상 추계 시 전제했던 상황과 다른 인구변화가 일어날 때 일부 차이가 발생할 가능성이 있다.

추계 인구는 기준일이 7월 1일인 연 중앙의 인구로 과거 인구에 대한 확정 인구와 앞으로 인구변동을 고려해 작성된 장래 추계 인구로 구분할 수 있다. 여기서 문제가 되는 인구는 장래 추계 인구로 계산에 사용되는 가정들이 달라지면 앞으로 추계하는 숫자도 변할 수밖에 없다는 것이다. 국가에서 진행하는 이런 인구추계가

5년마다 변동된다는 것은 은퇴를 준비하는 많은 이들에게 큰 영향을 미치게 된다.

우선 은퇴자들에게 지급되는 은퇴연금의 추정치가 달라질 수 있고 은퇴생활에 가장 큰 변수가 될 수 있는 주거에 대한 수요와 공급의 가성치도 달라진다. 그에 따라 은퇴자산으로서 주택의 용도에 대한 판단도 달라져야 하며 자신의 평균여명에 대한 기대치와 대비방법도 달라져야 한다.

통계는 가장 과학적인 근거라고 하지만 통계가 가진 태생적인 오류에 대해 이해하지 못하면 함정에 빠지게 되는 것이다. 은퇴준비에서 이런 통계자료는 참고자료로만 활용하고 실제 자신의 예상치는 가족력이나 평소의 건강상태 등을 고려해서 판단해야 한다. 외부에 의존도가 높은 방식보다는 자신의 능력으로 해결할 수 있는 방식으로 준비해야 할 것이다.

총인구에 대한 오류만큼이나 평균수명에 대한 오해 역시 인구통계와 관련해서 은퇴자들에게는 심각한 요소가 된다. 1970년, 우리나라의 평균수명은 61.9세였는데 2010년에는 80.8세가 되었다. 40년간 19년 정도가 늘어난 것이다. 다시 말해 여명을 기준으로 보면 2010년의 60세는 1970년의 40세와 같다.

60대는 1970년대나 지금이나 노년이라고 말한다. 하지만 노년이라는 것이 여명을 기준으로 보면 40년 전 기준으로는 40세 밖에 안 되는데도 대부분의 사람들은 과거와 다르지 않은 관점에서 60

대를 바라보고 여명을 준비하는 등 그 태도가 과거와 크게 다르지 않다는 데 문제가 있다. 노후생활 기간이 늘어난 만큼 적절히 준비해야 하지만 대부분의 사람들이 그 심각성에 대해 잘 이해하고 있지 않다.

인생 전체를 놓고 보면 평균수명이 60세이던 시절에는 근로 기간 30년에 노후생활 기간이 10년 전후였다. 하지만 평균수명은 80세가 되었는데 전체 근로 기간은 취업연령이 늦어지고 퇴직기간은 큰 변화가 없어 오히려 전과 같이 30년을 근무하기가 힘들다. 하지만 노후생활 기간은 세 배 정도로 길어지게 되어 문제가 따른다. 따라서 과거처럼 근로 가능 기간에 벌어들인 돈으로 여생을 편히 보낼 수 있을 것이라는 생각은 바꿔야 한다.

이 문제에 대한 몇 가지 해결안이 있다. 그중 첫 번째는 가지고 있는 재원만큼 소비의 수준을 조정해서 사는 것이다. 다른 하나는 충분한 은퇴자금을 가지고 은퇴하는 것이며, 또 하나는 그 기간 동안 새로운 소득원을 만들어 내는 것이다.

첫 번째 경우는 새로운 활동을 위해 더 열심히 노력하는 것보다는, 불편하지만 가난하게 사는 것을 선택하는 것이다. 논리적으로는 말이 안 되는 것처럼 보이지만 실제로 많은 이들이 이 방법을 선택한다. 수많은 취업 포기자나 노숙인들이 이런 부류에 속하는 사람들이다. 은퇴자 중에는 이 정도는 아니지만 삶의 태도를 보면 매사에 의욕이 없고 되는 대로 살겠다며 자포자기 하는 이들도 많다.

두 번째, 충분한 은퇴자금을 확보한 후 은퇴하는 경우는 어느 정도 자금이 준비되었거나 일하기가 귀찮아서 빨리 현역에서 물러나 환상적인 은퇴생활을 꿈꾸는 자영업자들에게 많이 발생한다. 이 방법도 정말 옳은 선택을 한 것인지 깊이 생각해 볼 필요가 있다. 일찍 일을 그만두고 놀기만 하면서 여생을 보낸다는 것은 현실적으로 불가능하다. 은퇴자금만 넉넉히 준비한다고 해서 행복한 노후가 보장될 리도 만무하다.

세 번째인 새로운 소득원을 만들어 내는 것이 가장 적극적인 태도이다. 이를 위해서는 정말 많은 노력을 기울여야 하고 많은 땀을 흘려야 한다. 역설적으로, 이 방법을 선택했을 때야말로 자신이 살고 싶은 방식대로 인생 후반부를 살 수 있는 자유를 얻을 수 있을 것이다.

최고의 해결책은 일에서 영원히 퇴직하지 않거나 새로운 소득원이 될 수 있는 일을 찾아서 하는 것임은 두말할 나위가 없다.

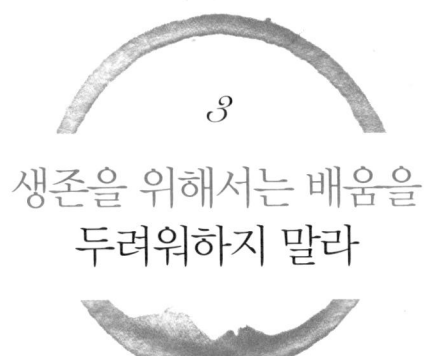

3

생존을 위해서는 배움을
두려워하지 말라

항상 나를 새롭게 하지 않으면
그것은 곧 죽음이라.
― 《성경》

초등학교 동창들이 자주 찾는 인터넷 카페가 있다. 거기에는 이사를 하며 잃어버렸던 졸업앨범도 올려져 있고 연락이 되는 많은 친구들의 연락처와 두 달에 한 번씩 정기모임 안내를 해주고 여행 다니며 찍은 사진도 올려준다. 출석 방에는 매일의 안부를 올리기도 한다. 자녀들 결혼이나 부모님의 상 등의 소식을 알리기도 하는 소중한 정보교류의 장이다. 동창들 중에 미국으로 이민 간 몇몇 친구들은 실시간으로 자신들의 근황을 올려 마치 옆집에 사는 듯 거리감을 없애는 역할을 하기도 한다.

카페를 개설해서 운영하는 운영자가 가장 많이 활동하고 상시

열성회원들이 대부분의 글을 올리고 잡담을 나누지만, 인터넷에 익숙하지 않은 많은 친구들은 그저 '눈팅(눈으로 하는 채팅)'만 하는 정도로 정보를 얻는 곳이다.

가끔 카페의 존재를 알고 몇십 년 만에 친구 근황을 알게 된 신규 가입자들은 한동안 열심히 카페활동을 한다. 그러다가 몇 번의 오프라인 모임에서 친구들을 만나고 카페활동을 하다 보면 다시 소원해지는 것이 일반적인 행태이다.

새로운 동창 한 명이 카페에 등장했다. 온통 카페를 도배하다시피 글을 올리고 실시간으로 참여하는 친구들에게 대화 요청을 해서 카페에서 그동안의 회포를 풀곤 한다. 대부분은 갑작스런 대화 요청에 자연스럽게 응하기도 하지만 바쁜 시간에 잠깐 새 글을 보러 들렀거나 자판 다루기가 익숙하지 않은 이들에게 대화요청은 사실 부담스럽다.

친구들 중에 이런 인터넷 문화와는 거리가 먼 한 친구가 있다. 동창회 모임에는 열성적이어서 처음 동창회 모임을 활성화하고 오랫동안 회장을 하며 모임을 잘 이끌어 온 친구이지만, 새로운 기기에 부담감을 가지고 있어 전화기도 아직 구형 폴더형 전화기를 쓰고 있다. 인터넷은 아예 들여다보지도 않아서 처음 카페에 가입할 때도 대학생인 딸이 모든 작업을 해주었고 카페에 들어올 때마다 도와주곤 했다. 간신히 카페 로그인 정도를 배우고 나서

답글을 써야 할 때는 "응"이라는 글이 전부였고 가장 길게 쓴 글이 "응, 그래" 정도였다. 그날도 친구는 저녁에 카페에 들어가서 검색을 시작하려는데 갑자기 못 보던 창이 떴다. 채팅하자며 '대화 요청'이 들어온 것이다.

카페에 새롭게 등장한 그 친구가 누군가를 기다리고 있다가 반갑게 대화를 요청한 것이다. 대화 요청을 받은 친구는 그동안 친구들을 통해 이 친구의 이런 행태에 대해 대략 알고 있었고, 한 번 채팅을 시작하면 아주 오랫동안 붙들고 늘어진다는 이야기를 들은 적이 있었던 터였다. 그래서 이 친구의 갑작스러운 대화 요청을 보고는 놀란 나머지 자기가 있던 방의 전등을 끄고 밖으로 나가버렸다고 한다. 인터넷 채팅방에서 나오거나 컴퓨터를 꺼야 하는데 너무 놀라 컴퓨터는 그대로 두고 방의 불을 끈 것이다. 한참 동안 대화 요청을 하며 글을 올리고 기다리던 친구는 혼자 밤을 새웠다고 하는 웃지 못할 이야기였다.

《제3의 물결》의 저자 앨빈 토플러는 인류문명의 발전단계를 농업단계인 제1의 물결, 산업단계의 제2의 물결, 그리고 현재 일어나고 있는 지식 정보화가 주도하는 제3의 물결이라고 하는 3단계로 분류했다. 새로운 문명은 근본적이고 혁명적인 것으로 우리가 과거에 올바른 것으로서 받아들이고 있었던 사고방식과 공식, 정론, 이데올로기가 아무리 유효하고 존중됐던 것이라도, 이제는 현실에 적합할 수 없게 되어 모든 옛 가설을 바꾸라고 요구한다. 이 새로운 문명과 함께 새로운 가정생활 양식이 생기고, 일이나 연애, 생활의 실태가 변화하고 경제도 새로워지며 이와 함께 의식의 변혁이 일어난다. 지금 우리들의 생활 속에는 지금까지 없었던 새로운 문명이 출현하고 있는데, 그중 가장 대표적인 것이 컴퓨터를 기반으로 한 정보통신의 혁명이라 할 수 있다.

현재 50대에 접어든 베이비붐 세대의 선두주자들은 자신들이 학교에서 배우면서 예상했던 세상과 가장 큰 혼란을 컴퓨터를 통해 경험하게 되었다. 인터넷을 가능하게 한 개인용 컴퓨터는 1980년대 후반부터 시작되었으며 인터넷은 1990년대 중반부터 시작된 개념들이다.

지금의 보통의 50대들은 그 당시 이미 학업이 끝난 30대 혹은 40대로 새롭게 이런 분야를 시작하기에는 늦은 나이였다. 따라서 이런 분야에서 주력자라기보다는 관망자 혹은 지시자로 지금의 나이에 도달하게 되었다. 그러나 직장을 다니는 동안은 직접적으로 컴퓨터를 잘 사용할 수 없어도 부하직원들이 그 역할을 대신해 주었을 것이다. 하지만 은퇴 후에는 이를 대신해 줄 사람들이 없어 매사에 어려움을 경험하게 된다.

21세기의 많은 정보산업들은 점차 과거에는 생각조차 할 수 없었던 새로운 방식으로 출현하게 되었다. 이런 소통을 담당하는 기기들과 멀어진다는 것은 자연스레 사회에서 이탈된다는 것을 의미한다. 퇴직하면 그렇지 않아도 사회활동이 줄어들어 인간관계가 어려워지는데, 대부분의 교류를 주도하는 인터넷 창구마저 닫혀버린다면 스스로 사회와의 교류의 문을 닫고 칩거하는 형태의 삶을 살게 되는 것을 의미한다.

시니어 중에서 상대적으로 젊다고 하는 50대도 이런데 60대 이후의 실버 세대들은 훨씬 더 새롭게 진행되는 정보화 사회에 적응하기가 어렵다고 호소한다. 대부분의 이런 작업들이 개인용 컴퓨터나 노트북으로 진행될 때까지만 해도 조금은 여유를 보이며 예외가 될 수 있었던 세대들도, 일상에서 큰 영향을 받을 수 있는 많은 기능들이 휴대용으로 바뀌면서 이젠 더는 방관만 할 수 없게 되었다.

실버 세대 대상의 강의에서 일상생활 중 가장 불편한 것이 무엇이냐고 질문하면 많은 어르신들이 "휴대폰 사용방식이요"라고 답한다. 휴대폰은 이제 더는 사치품이나 선택적으로 휴대하는 것이 아닌 나이나 성별의 구분 없이 사용하는 필수품이 되었다. 그리고 휴대폰이 전화통화라는 일차적인 성능보다는 일상 업무의 대부분을 처리할 수 있을 정도로 엄청난 효용을 가진 스마트폰으로 진화하면서 도무지 그 사용법을 알 수가 없어 너무 불편하다는 것이다.

간단히 말해 스마트폰은 개인용 컴퓨터가 손바닥 안으로 들어

온 것이다. 그런데 인터넷을 이용할 줄 모르는 어르신들이 전화기로서의 일차적인 통화와 문자 메시지 기능도 다룰 수 없는 상태에서 인터넷보다도 상위개념의 스마트폰을 사용한다는 것은 어려운 문제다. 우리의 일상과 업무가 스마트화 될수록 컴퓨터와 스마트폰 등 정보화 기기를 다루는 데 서툰 어르신들의 소외는 심화할 수밖에 없다.

한국정보화진흥원의 조사결과에 따르면 노인들이 최신 휴대폰을 사용하지 않는 가장 큰 이유로 '스마트폰의 활용이 어렵고, 용도를 알지 못해서'였다.

기기를 만드는 회사에서도 시니어 세대에 대한 고민은 미미한 실정이다. 휴대폰을 단순 전화통화 수단으로만 사용하려고 해도 신규로 출시하는 기기들은 모두 스마트폰 중심으로 만들어지고 있고, 실버 세대들을 위한 별도의 배려가 아직 많지 않기 때문에 당사자들은 많은 어려움을 겪을 수밖에 없다.

하지만 이들도 서서히 컴퓨터나 인터넷 이용에 관심을 기울이고 있으며 스마트폰 사용에도 적극적으로 가담해야 할 것으로 보인다. 2010년, 인터넷 이용률 조사 자료에 의하면 50대의 55.2퍼센트가 인터넷을 사용하고 있으며 60대도 33.8퍼센트, 70대 이상에서도 8.3퍼센트가 사용하고 있는 것으로 나타났다. 이는 그 동안 상대적으로 이용도가 낮았던 고 연령층이 적극적으로 인터넷을 사용하고 있음을 보여주며 그 증가 속도도 빨라지고 있는 것을 의미한다. 60대가 135만 명, 70세 이상자도 30만 명 이상이 이용하고 있는 것으로 나타났다.

20~30대와 비교하면 아직 세대 간 정보화 격차는 매우 크다. 이제 시니어들도 스마트폰과 태블릿 PC로 대변되는 모바일 혁명 시대를 맞이해 무선 인터넷을 적극적으로 활용할 수 있도록 많이 노력해야 한다. 더불어 SNS(Social Networking Service)를 통해 인터넷 상에서 친구, 동료 등과 인간관계를 강화하거나 새로운 인맥을 형성함으로서 폭넓은 인적 네트워크를 형성해야 한다. 여기에는 블로그, 미니 홈피, 커뮤니티, 카페, 클럽 등이 포함된다.

나는 회사에 있는 동안 강의를 많이 해 일찌감치 노트북에 관심이 많았다. 노트북이 막 출시되었을 때 회사에서 거의 처음으로 사용하는 얼리어답터에 속했고 강의 자료도 직접 만들어 사용했다. 회사를 나오게 되면서 외부 강의를 하게 되었는데 회사를 다니면서 직접 자료를 제작하고 활용했던 것이 정말 큰 도움이 되었다. 마침 대학에서 소프트웨어를 전공하고 있던 아들의 도움을 받아 마이크로 소프트(MS)사 기반이 아닌 애플사 프로그램들을 사용해 강의 자료를 만들어 사용했다.

강의하러 다니다 보면 많은 이들이 강의 자료를 달라고 하거나 때에 따라서는 훔쳐가기도 하는데, 운영시스템이 다르다 보니 이런 요청들을 거절하기도 쉬웠다. 대부분의 사람들이 익숙한 MS 기반과 다른 애플 기반의 프로그램으로 제작한 자료들로 강의 집중도를 높이고 자료의 차별화와 보호에도 큰 도움을 받을 수 있었다.

나는 많은 팔로워를 거느린 오피니언은 아니지만 그래도 1,000명이 넘는 친구들과 일상을 주고받는 페이스북과 카카오톡 등의 SNS활동, 인터넷 사진동호회 활동을 하고 있는데 초기 사진 입문 과정에서 정말 많은 도움을 받을 수 있었다. 카메라 관련 장비구매와 기기 다루는 방법, 여러 가지 사진관련 프로그램 사용법과 좋은 사진을 찍는 법, 유명 촬영지 등의 정보를 얻을 수 있었고, 혼자서는 엄두도 낼 수 없는 해외출사도 저렴한 가격으로 마음이 맞는 사람들과 다녀올 수 있었다.

은퇴를 앞둔 모든 이들이 젊은이들처럼 전자기기를 다루기가 쉽지는 않겠지만 최소한 스마트폰은 다룰 수 있어야 하고 이를 위해 노력할 필요가 있다.

하지만 이런 활동들도 어느 정도의 균형이 필요한데 너무 여기에 빠져들면 오히려 일상생활에 지장을 받을 수도 있다. 동호회 활동을 하다 보면 열정적으로 활동하는 이들이 있다. 물론 이들 때문에 이런 모임들이 유지되는 측면도 있지만 어떤 이들은 거의 온종일 이 모임에 관여하는 듯 보이기도 한다.

가끔 오프라인 모임에 나가서 이들을 만나 보면 정말 이 모임을 사랑하고 좋아하는 이들이라는 것을 알 수 있지만, 간혹 이렇게 열심인 이들 간에 누가 더 많이 참여하고 충성도가 높은지를 놓고 갈등이 생기는데 그 모습은 그리 좋아 보이지 않는다.

SNS상에 넘쳐나는 많은 동영상 파일과 사진편집 파일들을 매일 수많은 이들에게 다량으로 배포하는 바람에 일부 사용자들은 업무에 지장을 받는다고 아예 관계를 끊기도 한다. 이러한 자료의 생산자들이 대부분 이러한 기법들을 늦게 배운, 시간이 아주 많은 시니어 계층이라는 것도 IT 사용의 적정성에 대한 시사점이 될 수 있을 것이다.

4
주인 없는 눈 먼 돈을
경계하라

돈의 중요한 가치는
그것이 과대평가 된다는 사실에 있다.
– 헨리 루이스 멘켄

직장을 다니면서 직위가 올라
가면 급여 외의 자금을 사용할 권한을 준다. 그런데 이런 자금은
과거와 달리 용도를 분명히 하기 위해 신용카드로 결제하게 한다.
흔히 말하는 법인카드다. 법인카드라고 해서 무한대로 사용이 가
능한 것은 아니고 직책이나 직급 등을 기준으로 한도를 정해 놓고
쓰는 것이 일반적이다.

직장을 다니며 이런 법인카드 사용에 익숙해지면 퇴직 후 자금
관리가 매우 어렵게 된다. 카드를 가진 사람이 바쁘면 카드를 내
주고 나중에 영수증을 가져오라고 한다. 회식 분위기를 살리기 위
해서는 이런 경우를 더 반기는 경우도 많다. 그러다 보니 법인카

드로 사용하는 돈을 '그냥 아무렇게나 써도 되는 돈'이라고 생각하기 쉽다.

이렇게 법인카드 사용이 익숙해지면 자기 카드로 결제한 대금 청구서가 너무 낯설어진다. 회사를 퇴직하면 바로 반납해야 하는 것이 법인카드인데, 별도의 자금을 관리하고 있던 처지가 아니라면 결국 용돈을 받아서 써야 하고 이 용돈을 카드로 결제한다는 것은 매우 힘들어진다.

어떤 강의에서 우리나라 사람들과 다른 나라 사람들이 사물을 판단하는 관점의 차이를 정직의 관점에서 설명하는데 참 공감되었다. 외국 사람들은 사물을 분류할 때 '내 것과 우리 것과 남의 것'으로 분류하는데 우리는 여기에 하나가 더 있다고 한다. 그것은 바로 '주인 없는 것'이다. 그러니까 내 것이거나 우리 것이거나 남의 것이 아니면 주인이 없는 것이고 그것은 '먼저 갖는 사람이 임자'라고 생각한다.

법인카드로 결제하는 금액도 정확히 보면 회사의 것인데 그것이 법인카드라는 명목으로 바뀌면서 주인 없는 것이 되어버린다. 기업 입장에서도 법인카드로 사용한 것은 경비로 인정을 받기 때문에, 그렇지 않았더라면 세금을 내야 할 것을 쓰는 것이니까 괜찮다는 의미다. 그래서 일부 호텔 같은 업체에서는 기업 임원들을 대상으로 회원 유치 마케팅을 하면서 법인카드로 결제됨을 강조하곤 한다. 개인 돈이 아니니까 지급에 부담을 갖지 말라는 마케팅 기법이다.

이처럼 주인 없는 것을 쓰다가 갑자기 자기 자신이 지급의 주체가 되는 것이 사실 큰 충격으로 다가올 수 있다. 주인 없는 것은 회계부서나 자체 감사팀에 지적받지 않는 범위 내에서는 생색을 내며 지출할 수 있지만 그런 습관에 익숙해져 퇴직 후에도 자꾸 자신이 결제하게 되면 당장 첫 달 대금결제일에 요금청구서를 보고 후회하게 될 것이다.

대기업에서 대표이사로 퇴직한 분이 2년간 회사에서 보장해주는 고문역으로 있다가 그 기간마저 끝났다. 퇴직 후 바로 다음 달 모임에서 앞으로 자주 나오기 어려울 것 같다고 이야기했다. 이유를 물어봤더니 "습관처럼 지난달에도 골프를 쳤어. 그런데 나중에 카드명세서를 보고 깜짝 놀랐지 뭔가"라며 한숨 쉬었다.

골프비용으로만 250만 원 정도가 청구되었는데 그 돈은 그 달부터 쓰기로 한 용돈보다 많은 금액이라 화들짝 놀랐다는 것이다. 앞으로 모임도 줄이고 함부로 계산대 앞에 나서는 것도 줄여야겠다며, "그동안 이 모임에서도 자주 스폰서를 하곤 했는데 앞으로는 그것도 어려워. 자주 못 올 것 같아"라고 말하면서 쓸쓸해했다.

그동안 내 것은 그대로 두고 남의 것을 써 오다가 내가 가진 것이 줄어드는 것을 보며 드는 상실감은 매우 크게 다가온다.

대부분의 직장인들이 회사에 다니는 동안 착각하는 것 중 하나가 지출액수이다. 집에서 받아오는 용돈만이 자신의 지출로 인지하지만 사실은 보이지 않는 많은 부분들이 복리후생이라는 명목으로 지원된다. 여기에 금전적으로 직접적인 지원을 하는 금액들도 포함돼 있는데 이런 것들이 간과되기 쉽다. 직장을 다니는 동안 유지하던 방식으로 소비지출을 지속하려면 이러한 법인카드를 비롯한 복리후생 지원만큼의 추가 지출을 염두에 두어야만 하는 이유가 여기에 있다.

　이러한 상황들을 대비하는 데 필요한 것이 바로 재무설계이다. 우리는 돈과 관련된 일련의 활동들을 대부분 재테크라고 하는 말로 이해하는 경향이 있다. 재테크란 '재산과 테크닉의 합성어'로 어떻게 하면 가진 재물을 크게 불릴 수 있는가를 연구하는 것이다. 하지만 재무설계는 '자신의 인생 전체에 대해 원하는 삶의 모습과 그 모습을 이루는데 필수적으로 따르는 재무적인 수지의 형태를 예측하고 대비하는 것'을 말한다.

　물론 재테크에서도 수입과 지출은 필요한 항목이지만 여기에서는 가지고 있는 것을 더 많이 만드는 것에 집중하는 속도에 대한 것이 더 중요하다. 하지만 재무설계는 불리는 것만큼이나 지출에 대해서도 계획에 포함시키기 때문에 속도보다는 방향에 대한 개념이 더 중요할 수 있다.

　정확한 수입원을 파악하고 지출항목을 챙겨보면 미래의 수입과 지출에 대한 예상도 가능해진다. 재무설계에는 인생의 라이프 이벤트가 고려되기 때문에 향후 수입원이 어떻게 달라질 것인지 그리고 지출이 어느 시기에 어떻게 집중되는지를 알게 되기 때문이다. 주인 없는 것은 재테크에서는 드러나지 않지만, 재무설계에서는 그것들의 존재가 명명백백해져서 빠뜨릴 수가 없다. 감으로 하는 것이 아니라 과학적으로 접근하기 때문이다.

지출은 습관이다. 잘못된 습관에 길들지 않고 바르게 행동하기 위해서는 은퇴 전부터 재무설계를 통한 의사결정 방식의 습관화가 필수적이다.

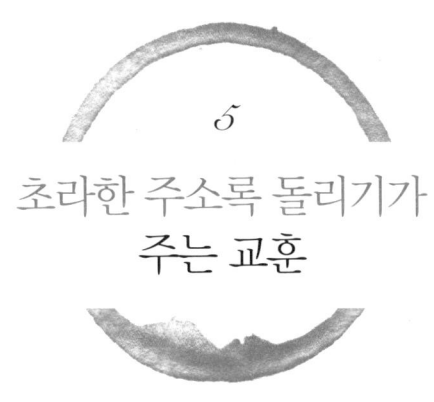

초라한 주소록 돌리기가
주는 교훈

은퇴: 직업도 없고, 스트레스도 없고,
수당도 없는 것!
— 무명의 현자

　　　　　　　　서슬 퍼런 감시의 눈길이 존재
하던 유신치하 1970년대에 대학을 다닐 때였다. 방학을 앞두면 학
과대표들이 방학 동안 거주할 집의 주소와 전화번호를 기재할 수
있는 양식을 만들어 돌리곤 했다. 또 다른 학교 학생들과 동아리
(당시는 서클이라 했다) 모임이 끝날 무렵이면, 참석자들의 소속과 연
락처를 기재하는 양식을 돌려 취합한 뒤 한 장의 주소록을 만들었
다. 이것이 나중에 자신들을 탄압하기 위한 다른 용도로 사용될
수도 있기 때문에 매우 조심해서 관리하라고 당부하며 나누어 주
곤 했었다.
　　당시에는 미팅이나 소개를 통해 여학생과 만나게 되면 자신이

다니던 학교와 학과를 교환하는 것이 전부였고 간혹 집 전화번호를 교환해서 어렵게 전화데이트를 하곤 했다. 지금처럼 대부분의 연락이 이루어지는 휴대전화는 존재하지도 않았다. 전화사정도 좋지 않아 누군가에게 소식을 전하거나 안부를 묻기 위해서는 아날로그적인 엽서나 편지, 대학신문 등을 주고받던 시절이었다.

시골에서 상경해 200여 명이 공동으로 생활하는 학교 기숙사에서 거주했던 그 시절, 외부와의 전화통화는 학교 업무가 종료된 후에 교내 전화를 기숙사에 돌려서 야간에만 사용할 수 있게 해주었다. 평일은 저녁 6시경부터 밤 10시까지, 토요일은 오후부터 가능하고, 일요일은 종일 수신만 할 수 있는 한 대의 전화로 기숙사 학생들에게 외부전화를 바꿔 주었다. 기숙사에는 일반 학생만 있는 것이 아니라 야구부, 축구부, 농구부, 테니스부 등의 운동선수들도 같이 생활하고 있었다. 운동선수에 대해 관심이 많던 여학생 팬들이 거의 쉴 새 없이 전화하곤 해서 사실 일반 학생들이 외부와 전화 통화한다는 것은 매우 어려운 일이었다.

외부에서 학생을 찾는 전화가 오면 당직학생(이것도 기숙사의 24개 방 중에서 매일 돌아가며 순번제로 당직을 서야 하는데 전 학년이 고르게 방마다 배치돼 있었지만, 전화 당직은 저학년이 주로 담당했다)이 인터폰을 통해 몇 호실 누구에게 전화가 왔다고 하면 달려와서 전화를 받는 방식이었다. 인터폰으로 전화가 왔다는 연락을 받는 학생은 마치 복권에 당첨된 듯 부러움과 시기를 받곤 했다. 너무나 어려운 연락 방식이었지만 시골집에서 상경해 기숙사에서 생활하던 그 당시로는 그러한 방식이 당연한 것으로 생각되었고, 갑자기 외박이라도 하게 되어 자기 방에 연락하려고 하면 공중전화 부스에서 기다리는 사람들 눈치를 봐가며 마치 지금의 로또 복권의 당첨을 확인하는 심정으로 다이얼을 돌리곤 했었다.

그 시절이 지금보다는 훨씬 전화하기도 어렵고 사람을 만나기도 쉽지 않았지만 만나야 할 사람과의 만남이 지금보다 적었거나 만남의 의미가 약했다고는 할 수 없다. 전화보다는 편지로 약속을 정해서 만나거나 정말 보고 싶은 상대가 있다면 무작정 해당 학교의 정문으로 찾아가 만났고, 기숙사에도 전화통화의 어려움에 따른 많은 면회방문객들이 있었다. 이런 만남은 지금처럼 전화로 약속하고 만나는 것과는 또 다른, 약속을 기다리는 동안의 설렘과 즐거움이 있었다.

지금 생각해 보면 다소 무모하기도 한 방식으로도 서로 교류가 가능했던 것은 상대방이 어디에서 어떻게 지낼 것이라는 것을 대략 알고 있었기 때문이었다. 방학 때 문을 닫는 기숙사에서도 방학을 앞두고는 전체 학생들의 연락처를 만들어 나누어 주었고 이 주소록으로 2학년 여름방학 때는 서산으로 4학년 여름방학 때는 영주와 부산, 마산 등으로 친구와 선배 후배들을 만나러 간 기억이 아직도 남아 있다.

　그러나 지금은 통신환경도 빠르게 변화해 초등학생부터 노인에
이르기까지 대부분이 휴대전화로 통화한다. 연락처들도 대부분
휴대전화 주소록에 기재하게 되었고 가끔은 수첩에 주소를 정리
해서 다니는 경우도 있다. 학교를 졸업하고 직장생활이 한창이던
중년의 시절에는 자주 모임을 하지는 못했지만, 가끔 있는 반가운
모임에서도 옛날처럼 주소록을 기재하기보다는 명함교환으로 서
로의 위치와 연락처를 확인했다.

　세월이 흘러 50세를 넘긴 나이에 20여 년 전 다니던 직장을 퇴
직하고 오랜만에 연말모임을 가졌다. 300여 명의 입사 동기 중에
연락이 된 20명이 모였다. 그중에는 10여 년 전에 회사를 퇴직한
친구들도 있었고 아직 현직에 있는 친구들도 있었다.

　입사 초기 연수원 시절의 추억부터 수습기간 동안 세일즈 현장
경험 등 오래전 이야기로 분위기가 한껏 달아올랐다. 하지만 현직
에 있는 몇몇을 제외하고는 입사 초기의 활기찬 모습과 직장생활
동안 세상을 향한 패기에 찬 도전적인 모습은 어디에서도 찾을 수
없었다.

　그러던 중 술자리에 메모지와 볼펜이 돌기 시작했다. 메모지에
는 이름과 전화번호, 집 주소, 이메일 계정을 적어 넣을 수 있는
칸이 그려져 있었다. "아니 왜 이런 것을 돌리느냐?"고 했더니 총

무는 "퇴직 후 명함이 없는 친구들이 많아서 이렇게 주소록에 기재해서 취합해서 보내 드릴게요"라고 했다.

정말 오랜만에 주소록을 작성하면서 명함 없이(잊어버려서 두고 온 것이 아닌) 모임에 나간다는 것이 어떤 느낌일지 새삼 상황을 인식하는 계기가 되었다. 이미 머리가 벗겨지고 얼굴에 주름이 생겨 50대의 중년으로 변해버린 우리들의 자화상은 술상 위에 맴돌던 안주 국물이 번진 메모지 안에 초라하게 반영돼 있었다.

60세도 되지 않은 나이에 자신이 누군지도 알릴 수가 없는 이런 상황이 되어서는 안 된다. 야인처럼 홀로 독야청청 남은 인생을 살 수도 있겠지만, 하루하루의 일과를 이렇게 시간만 죽이며 존재감이 사라진 채 그림자처럼 산다는 것은 너무 인생이 아깝지 않은가?

그 뒤로 몇몇 동기가 새로운 일을 시작했다는 소문은 들었지만 그 모임은 점차 참여자가 줄어들었고 모임 말미에 회비를 걷는 총무의 표정은 점점 어두워져갔다. 매달 모이던 모임은 격월로 바뀌더니 이제는 계절마다 모임을 갖는 것으로 바뀌었고 참석자는 손가락을 꼽는 수준으로 줄어들었다.

어느 상황 어느 나이에서든 적어도 '내가 누구이고 어디서 무엇을 하며 지내는지'는 자신 있게 알릴 수 있는 정도의 상황은 만들어 가야 한다.

은퇴 후의 삶은 직장과 직책이 없어진다고 해서 본연의 내가 없어지는 것이 아니다. 그럼에도 직장에서의 은퇴와 함께 우리는 인생에서도 은퇴하는 것으로 착각하는 것은 아닌지 생각해 보자.

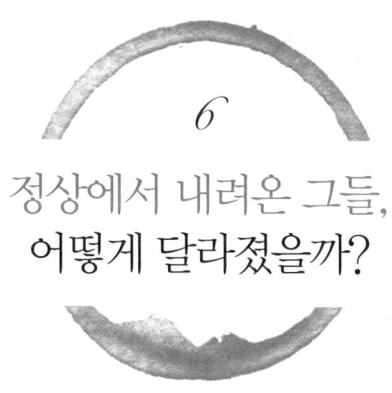

6

정상에서 내려온 그들,
어떻게 달라졌을까?

인생에서 힘든 시기는 나쁜 날씨가 계속될 때가 아니라
구름 한 점 없는 날들만 계속될 때이다.
– 칼 힐티

　　　　　　　　　나는 회사에 다니는 동안 임원
들에게만 입학의 기회가 주어지는 모 대학의 최고경영자과정에
다니게 되었다. 다른 기수들은 평균 50명이 넘었지만 마침 입학하
는 해는 경기가 좋지 않아서 우리 기수는 38명만 입학한 소수 정
예가 되었다.

　첫 날 호텔에서 부부동반으로 입학식을 하고 일주일에 하루 3시
간씩 진행되던 수업은 국내 최고의 강사진으로 구성된 의욕적인
과정이었다. 수업도 수업이었지만 나를 비롯한 동기들은 수업이
끝나고 학교 앞 카페에서 진행되던 뒤풀이에 더 재미를 느꼈다.

　당시 동기들은 정계와 경제계에서 최고경영자라 할 수 있는 이

들로 구성되었다. 나이 차이도 많이 났지만, 대부분이 40~50대의 베이비부머들로 구성된 우리 기수는 서로 간의 친목 도모에 매우 열심이었다. 직접적인 이해관계가 얽히지 않고 다양한 분야의 사람들과 관계를 형성하며 얻어지는 모임에서의 즐거움은 처음 만났을 때의 어색함을 아주 빨리 없애주었다. 재학 중 1박 2일간의 제주도 부부동반 행사와 3박 4일간의 해외 졸업여행, 그리고 동기 간의 2박 3일 해남도 여행 등을 다녀왔다. 비록 재학기간은 한 학기 6개월로 짧았지만, 졸업 후에도 부부동반으로 지속적인 만남으로도 이어졌다.

대부분의 최고경영자과정은 꽤 비싼 수업료를 받고 운영하지만 일부 학교에서는 자격심사를 엄격히 하여 경쟁률이 매우 높은 곳들도 많이 있다. 그만큼 이런 과정 참석을 통해 좋은 이들과의 관계를 맺는 것에 대한 욕구가 크다는 것을 알 수 있다.

동기회의 운영은 학교에 다니는 동안은 학교의 지원과 통제를 받지만 졸업 후에는 철저하게 자체적으로 진행 된다. 따라서 입학금에 포함돼 같이 납부한 동기회비로 운영되던 동기회 모임은 동기들이 어떤 계층으로 구성되는가에 따라 많은 차이를 보인다. 구성원 중에 자영업을 하는 CEO들은 경제적으로 여유가 많은 편이어서 기꺼이 후원회비를 내기 때문에 이런 CEO가 많이 편성된 기수는 그만큼 여유로운 활동이 가능하다. 하지만 졸업 후 시간이 지나면서 동기회의 모습도 바뀌게 되었다.

직장을 다니던 기업 임원이나 관료들은 시간이 지나면서 활동의 형태가 바뀌는데, 크게 보면 승진이 돼서 훨씬 더 활발하게 활동하는 경우와 퇴직하거나 직장을 옮기게 되어 활동이 소원해지는 경우로 나뉜다. CEO들도 기업의 부침때문에 모임에 나오지 않게 되어 시간이 지날수록 모임에 참석하는 사람들의 숫자는 줄어들게 된다. 내가 다닌 학교의 과정은 현재 35기까지 기수가 이어지고 있는데, 매년 총동문회에서 개최하는 신년 하례식에 참석해 보면 아예 기수 전체가 참석하지 않는 동문도 꽤 많다.

우리 기수에서 졸업 후 4년간 궂은일을 도맡아 하던 총무가 모임운영이 너무 힘들다고 작년에 그 임무를 내게 맡겼다. 매번 모임에 나가면 참석인원이 적어 아쉬웠던 차에 어쩔 수 없이 맡게 된 자리지만 그래도 모임을 좀 더 활성화해야겠다는 생각으로 전체 동문들에게 수시로 이메일과 문자메시지나 전화로 연락하곤 한다.

그런데 학교에 다닐 때만 해도 그렇게 가까워 보이고 다정했던 동기들이, 전화를 안 받거나 모임에 약속하고 갑자기 취소하는 일들을 수시로 경험하다 보니 전임 총무가 왜 그렇게 어려워했는지 대략이나마 알게 되었다. 참석을 못 하거나 안 하는 동기들에게 다시 전화해서 그 이유를 물어보면 대부분이 '퇴직하고 하는 일도 없이 동기들을 만나기가 민망하다는 것'이었다. 일부는 모임의 회비가 부담스럽다고도 했다. 학교에 다닐 때만 해도 그 회사의 최고 자리에서 많은 권한과 경제적인 여유를 누렸지만 불과 5년이 되지 않아 몇 번 회사를 옮긴 사람들도 있었고 아예 모임과 인연을 끊어버리는 사람들이 점차 늘어나고 있었다. 이 모임을 통해 오늘날 베이비붐 세대들의 한 단면을 보는 것 같기도 하고, '과연 앞으로 이 모임은 얼마나 지속할 수 있을까?'를 생각하면 가슴 한편이 싸하기도 하다.

퇴직 후에는 현직에 있을 때 모임에 못 나오는 이유가 회사 일이 너무 바빠서였는데, 이제 바쁜 회사 일도 없는데 이런 모임에 나오지 않는 것은 앞뒤가 안 맞다. 퇴직 전후 자신의 모습에 대한 만족도가 달라져서인데, 정작 본인은 달라진 것이 없고 자신의 소속이나 지위가 달라진 것뿐이다. 모임에서 보여주고 싶었던 것들이 자기 자신의 본 모습이라면 기꺼이 지금까지의 구속에서 벗어나 자유로운 자신만의 인생을 향해하는 모습이 훨씬 더 축복과 격려를 받을 수 있지 않을까? 그럼에도 이런 태도를 갖지 못하는 현실이 참으로 안타깝다.

그런데 최근 이 모임에도 작은 변화가 생기기 시작했다. 몇몇은 퇴직 후에 동료나 친구들을 초대해 현재 자신의 꾸밈없는 삶의 모습을 보여주고, 많은 것들을 내려놓았을 때의 홀가분한 기분과 스트레스를 받지 않고 평화로운 삶을 유지하는 방법들을 알려주기도 한다. 법인카드로 호기롭게 혼자 결재하던 것도 현실에 맞게 2인 1조나 3인 1조가 부담하는 형태로 바뀌고 있다. 모임 장소도 호텔이나 비싼 음식점보다는 소박한 곳을 선호하게 되었다.

대화의 주제 또한 직위나 직책, 수입 등 자랑보다는 인생의 지혜를 나누는 것으로 변하고 있다. 이런 변화는 회원들로부터 호응을 얻고 있다. 이처럼 과거의 모습과 달라진 자신의 생활을 너무 비관적으로만 바라보지 않고 그러한 변화 속에서도 긍정적인 마음으로 참석한 친구들을 보면 진정성이 느껴진다.

누구나 정상에 설 때가 있으면 내려올 때도 있다. 그러니 자신의 현실을 너무 비관적으로만 생각하지 말자. 세월이 흐르면서 주변의 지인들도 그러한 이치를 알고 또 새로운 모습에 서로 적응하게 된다. 어찌되었던 혼자 쓸쓸히 지내는 것보다는 예전 동기나 지인들과 모임을 통해 함께 인생의 여유를 즐기는 것이 좋지 않을까? 그리고 그것이 소박하면 좀 어떤가.

제3장

—

은퇴 후
필요한 돈 준비와
위기관리

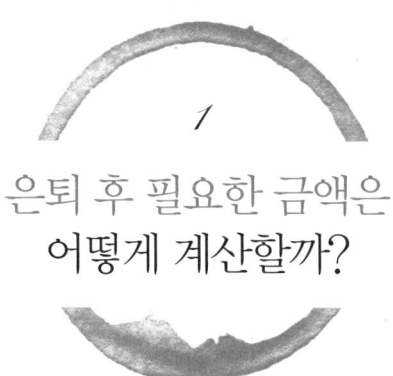

1

은퇴 후 필요한 금액은
어떻게 계산할까?

누구도 자신의 어제를 바꿀 수는 없다.
하지만 우리 모두 자신의 내일은 바꿀 수 있다.
– 콜린 파월

　　　　　　　　　　　　은퇴 재무설계 과정은 마음에
드는 단순한 금융상품 한두 가지를 선택하는 것보다 훨씬 복잡하
고 어려운 문제를 많이 포함한다. 더군다나 은퇴자의 소득 문제를
완벽하게 해결할 수 있도록 모든 이에게 적용되는 요술방망이 같
은 훌륭한 방식이 존재하는 것도 아니다. 사람마다 처해 있는 상황
이 다양하고 각자가 기대하는 생활모습이 다르기 때문이다.

　은퇴 재무설계란 먼저 은퇴목표를 설정하고 이를 위해 사용할
수 있는 자원을 점검한 후 각자가 가지고 있는 독특한 위험을 측
정해 이것을 극복할 수 있는 기회 요인들을 검토하고 목표와 실제
사이 차이에 대한 보완책을 찾는 과정이다. 세부적인 과정을 살펴

보면 다음과 같다.

첫 번째, 은퇴자원의 남은 기간을 측정한다.

말 그대로 은퇴자원이 얼마나 지속할 수 있을 지에 대해 종합적으로 검토하는 과정이다. 원하는 은퇴생활이 어떤 것인지에 대한 종합적인 검토 없이 원하는 지출의 총액이 얼마인지 결정하는 것은 쉽지 않다. 적정한 은퇴자원의 측정은 은퇴자들이 원하는 지출액과 은퇴 후 예상되는 소득원에 대한 이해를 통해 가능하다. 은퇴자들이 희망하는 은퇴기간이 얼마인지 그리고 은퇴자산은 은퇴기간 중 언제까지 남아 있을지에 대해 평가하는 것이다.

은퇴지출은 일반적으로 두 가지 분야로 나눌 수 있다. 첫 번째는 의식주를 해결하기 위한 필수적인 자금이고, 두 번째는 각자의 꿈에 따라 달라질 수 있는 개인적인 자금이다. 필수자금은 평생 동안 안정적으로 지급되는 생애 소득이어야 한다. 이를 위한 자금으로는 사회보장 제도에 의해 진행되는 공적연금이 해당한다. 개인의 취향에 따라 사용되는 자금은 개인적인 준비로 해결하는 자금으로 개인적인 금융상품에 대한 투자와 연금보험, 퇴직연금 등으로 해결할 수 있다.

은퇴설계를 잘한다는 것은 이렇게 종신 보장이 되는 자금과 그렇지 않은 자금의 차이를 얼마나 잘 이해하고 운영할 수 있는가에 의해 결정된다. 필수자금과 자유재량에 의한 자금의 부족분을 합해 이를 위해 사용될 수 있는 재원과의 차이가 얼마인지를 판단하는 것이 첫 번째 단계이다.

이를테면 은퇴자금은 2억 원을 가지고 있고 매년 필요자금이 2천만 원 정도가 부족하다면 단순 계산으로도 10년 후면 이 은퇴자는 여러 가지 면에서 어려움을 겪게 될 것을 알 수 있다.

두 번째, 보유하고 있는 위험 요소를 점검한다.

은퇴자들은 일하고 저축하는 동안에는 경험하지 못했던 여러 가지 위험에 직면하게 된다. 이들 중 일부는 모든 은퇴자들에게 공통적이기도 하고 일부는 개별적으로 아주 특이한 형태를 보이기도 한다. 이 단계에서는 각자가 갖게 될 위험을 찾아내고 이들 위험의 우선 순위와 해결안을 찾는 것이다. 대부분의 은퇴자들이 직면하는 공통적인 문제들은 다음과 같다.

먼저 장수위험을 들 수 있다. 바로 준비자산에 비해 오래 살아남을 수 있는 위험을 말한다. 다음으로 인플레이션 위험이 있다. 계획했던 것보다 오른 물가로 더 질 나쁜 삶을 살게 될 위험을 의미한다. 건강비용과 장기 간호비용은 말 그대로 과다한 의료비용의 지출로 은퇴예산이 침식당하는 것이다. 마지막으로 투자위험은 은퇴투자자산의 수익률이 예정했던 것보다 나빠질 위험을 말한다.

세 번째, 분배와 세금에 대한 사항을 고려한다.

은퇴자산의 분배문제는 현금흐름에 대한 요소들을 고려해야 한다. 은퇴소득은 필요한 시기에 필요한 금액이 적절하게 공급될 수 있어야 한다. 은퇴소득을 분배하는 방식은 일괄분배도 있고 연 지급이나 월 지급의 형태를 띠고 있으며, 기간을 정해놓고 확정지급하거나 종신으로 지급하는 등 다양한 방식이 있다. 무조건 많은 금액을 준비하는 것보다는 자신의 은퇴 목표에 맞춰 적절한 분배 방식을 선택하는 것이 중요하다. 반대로 자금상환에 대한 것들도 일시금으로 상환할 것인지 아니면 분급으로 상환할 것인지도 고려해야 한다.

다음으로 세금에 관한 요소들은 우선 은퇴자산을 준비하는 동안 세금이연을 어떻게 활용할 것인지, 비과세와 세금우대 상품을 어떻게 활용해야 할지 등에 대한 고려와 은퇴소득으로 활용할 자산들의 세금 문제에 대해 생각해 본다. 일반적으로 은퇴자산은 세후 금액으로서 세금액수만큼 사용가능 자산이 줄어드는 것을 고려해야 한다.

네 번째, 차이가 나는 요소들에 대한 해결책을 만든다.

일반적으로 은퇴자들이 겪는 재무적인 어려움을 해결하기 위해 가능한 여섯 가지 방법이 있다.

첫째, 은퇴자산의 수익률을 높이는 방법이다. 둘째, 추가적인 생애 소득을 확보하는 것이다. 예를 들어 파트타임으로 일하는 것이 있고, 풀타임으로 일하는 것이 있다. 셋째, 소비를 적게 하는 것이다. 넷째, 사회보장제도나 연금 수령시기를 늦추는 것이다. 다섯째, 저축을 늘리는 것이다. 마지막으로 주택연금, 농지연금을 활용하는 법 등이 있다.

이들 중 자신에게 맞는 가장 합리적인 방법을 찾아야 한다. 은퇴 전 소득은 대부분 중요한 소득원 한두 가지에 집중된다. 그러나 은퇴 후 소득은 가변성이 많으므로 자신의 노력으로 얻을 수 있는 소득과 시스템적으로 지급될 수 있는 소득 등으로 다양화하는 것이 중요하다.

2
은퇴 자금 측정 시
범할 수 있는 실수

젊었을 때는 잘못을 저질러도 좋다.
그러나 그것을 늙어서까지 끌고 가서는 안 된다.
— 괴테

　　　　　　　　　은퇴목표 달성을 이루기 위한
자금의 계산은 매우 중요하다. 은퇴생활은 기간도 길고 본인의 삶
의 질을 평가하는 여러 요소 중 가장 의미 있는 기간일 수 있기 때
문이다.

　구체적인 은퇴자금을 계산하는 데는 몇 가지 변수가 있다.

　첫 번째, 언제 은퇴를 할 것인지에 대한 기준 시점의 결정방식
이다. 과거 은퇴설계에서는 일을 언제 그만두는지, 즉 주된 직장
에서 일을 그만두는 시점을 기준으로 판단하는 방식을 사용했다.
정년 전에 퇴직했다면 그 시점부터 은퇴 시점으로 보거나 직장인

은 55세, 공무원은 62세, 자영업자들은 65세라는 식의 정년퇴직 나이를 획일적인 기준으로 은퇴시기를 결정해왔다. 앞으로는 이런 기준보다는 개개인의 상황에 맞도록 자녀를 위한 수입활동이 끝나는 시점으로 하거나 본인이 희망하는 새로운 인생으로의 전환을 시작하는 때를 은퇴 시작 시점으로 결정하는 것이 옳다.

두 번째, 지출액을 계산할 때 범할 수 있는 가장 큰 오류 중 하나는 생활비를 잘못 예측하기 때문이다. 지금까지 현재의 생활비보다 미래의 생활비는 적게 쓸 것이라는 대 원칙에 따라 현재 생활비의 50퍼센트나 70퍼센트 정도 사용할 것이라고 하는 정형화된 접근 방식을 사용한다. 이 방식은 각자가 생각하는 은퇴 후의 삶의 모습은 매우 다양한 형태로 개별적인데, 이를 반영하지 않은 획일적인 방식의 접근이라는 데에 문제가 있다.

생활비에 영향을 미치는 요소들은 사는 곳과 생활방식에 의해서 많은 변화가 올 수 있다. 은퇴 전 같이 살았던 사람들이라고 해서 은퇴 후 살고 싶은 곳이 같을까? 또 은퇴 전 생활방식이 비슷했던 사람들이라고 해서 은퇴 후에도 같은 수준으로 생활방식이 조정되는 것을 희망할까? 이런 것들을 생각해본다면 획일적인 접근의 문제점이 무엇인지 알게 될 것이다. 현재의 현금흐름을 분석해 보고 은퇴 시 예상되는 항목과 비교를 통해 추가될 항목과 삭제될 항목을 점검한 후 생활비의 수준을 결정하는 것이 좋다.

세 번째는 은퇴기간을 말하는데 이는 '은퇴 시점부터 앞으로 몇 년을 더 살 수 있을까?'를 결정하는 것이다. 주로 많이 쓰이던 방식은 전체 인구 중 해당 연령자가 앞으로 몇 년을 더 살 수 있는지를 통계화 한 평균여명 방식이다.

그런데 평균여명 방식을 사용하면 몇 가지 문제가 있다. 먼저 사람의 수명은 평균적이지 않고 개별적인 요소가 매우 크다는 점을 들 수 있다. 평균수명은 과거 경험치에 미래 수정치를 조정해서 조정한 숫자이기는 해도 미래에 대한 예측이 정확히 반영되기 어렵다는 문제가 있다. 수명은 가족력에 많은 영향을 받을 수 있다. 대대로 장수하는 집안과 단명하는 가족력이 있는 집안이 동일한 수명을 가진다고 가정하는 것은 문제가 있다.

따라서 은퇴기간의 결정은 철저히 본인의 상황을 반영해야 한다. 물론 각자가 자신의 미래 수명을 정확히 예측한다는 것은 불가능하다. 이 때문에 평균수명을 근거로 여러 요소를 고려하고 어느 정도의 가감치를 둘 것인가를 잘 고려해서 정하는 것이 합리적일 것이다.

마지막으로 고려할 사항은 앞으로 물가상승률과 투자수익률을 얼마로 할 것인가에 대한 것이다. 화폐의 시간가치를 고려할 때 미래의 화폐가치는 항상 물가상승률이 반영돼야 한다. 물가상승률이 미래 자금 산출에서 중요한 변수인 만큼 미래 자금을 준비하는 데 필요한 투자수익률도 중요한 변수가 된다.

지금까지 대부분의 은퇴자금계산법은 현재 생활비를 기준으로 은퇴 예상 기간과 연간 생활비를 곱해서 필요자금의 총액을 계산하는 방식을 사용해왔다. 물가와 투자수익률이 전혀 반영되지 않는 이런 방식의 은퇴자금 계산은 재무계산에서 가장 중요한 화폐의 시간 가치가 고려되지 않은 것으로 초등학생의 수학에서나 적용되는 방식이라 할 수 있다.

필요자금액을 계산할 때는 설계 당시의 물가상승률을 반영해 계산하고 앞으로 실제 상승률이 설계 시의 예상수치보다 그 차이가 클 경우 새롭게 조정하는 것이 바람직하다. 투자수익률은 현재 본인의 투자습관에 따른 수익률을 근간으로 새롭게 자산분배를 했을 때 예상되는 수익률을 조정해 반영하는 것이 좋다. 각 금융기관의 홈페이지에서 운영되는 자금산출기를 사용하거나 전문 재무설계사의 도움을 받아 계산할 수 있다.

구체적으로 퇴직금 2억 원을 받아서 미래를 예측해 보고 소비활동 중심과 생산활동 중심으로 재무설계를 한 경우 그 차이를 살펴보자.

퇴직금을 받은 55세부터 이 돈을 연 5퍼센트의 수익률이 나오는 금융기관에 예치해 놓고 65세가 될 때까지 매월 200만 원을 생활비로 쓰기로 한 경우를 생각해 보자. 매년 물가상승률이 4퍼센트 정도라면 65세가 되었을 때 이 돈은 원금이 바닥나고 약 3,057만 원의 부채가 발생한다. 그러나 합리적인 판단으로 이런 상황을 예측해, 그 돈을 같은 이율이 보장되는 금융기관에 예치하고 월 200만 원 정도의 수입활동을 65세까지 유지한다면 예금한 돈은 원리금만 3억 2,577만 원이 된다. 두 사람의 차이는 3억 5,634만 원이 나 나게 되는 것이다.

이것이 감으로 하는 무작정 자산관리와 라이프스테이지(Lifestage)를 고려한 재무설계의 차이이다. 재무설계는 한없이 많은 돈을 쌓아둘 것을 목적으로 하는 것이 아니다. 개인의 삶의 모습에 가장 적합하고 합리적인 재무의사 결정을 하도록 돕는 활동이다.

3

위기 상황에서는
누구와 함께 할 것인가?

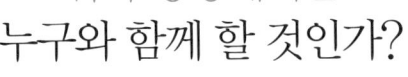

은퇴: 당신의 인생에서 시간이
더는 돈이 되지 않는 때
- 무명의 현자

　　　　　　　　　　A는 흔히 말하는 좋은 대학을
나와 건설회사에서 아주 잘나가는 친구였다. 30대 중반 중동에서
진행하는 큰 프로젝트의 총괄임원이었던 그는 다른 직원들은 혈
혈단신 뜨거운 현장에서 일을 할 때 중동의 가장 시설이 좋은 곳에
가족들까지 데리고 가서 생활을 한, 친구들 중 우상과도 같았다.

　하지만 회사 내부에는 승승장구하는 이 친구의 적들이 많았고
몇 년간의 중동공사가 끝나고 귀국했더니 자신의 자리가 제대로
보전되지 못했다. 귀국 당시 40대 초반이었던 그는 입사 초기부터
동기 중 가장 선두에서 승진 가도를 달렸고 해외 프로젝트를 성공
하고 돌아온 시점에서 조만간 CEO가 되는 것이 당연하다고 생각

하고 있었던 것이다. 그는 회사의 이러한 조치를 받아들이기 어려웠다.

A는 깊은 상처를 입고 회사를 나오게 되었다. 그러고는 그동안 자신에게 혜택을 받았다고 생각하는 여러 하청업체들과 담합해서 자신이 있던 회사에 복수를 계획했다. 대부분의 하청업체들이 얼마든지 도와주겠다고 확약했고 자신도 회사에 큰 손해를 입히고 사업에 성공할 자신이 있었다.

하지만 자신이 갖고 있던 것들과 주변의 도움을 받아 회사를 설립하고 한 군데씩 하청업체들과 새로운 계약을 진행하며 시작한 사업은 시작한 지 얼마 되지 않아 문을 닫게 되었다. 사업에 대한 정확한 비즈니스모델을 설정하지 않았고 회사에 대한 복수심에 감정만 앞서 꼼꼼하게 준비하지 않았기 때문이다.

자기가 회사에 있을 때 알았던 몇몇 하청업자들이 도움을 주겠다는 말에 모든 것을 걸고 조급하게 시작한 것이 가장 큰 실패 원인이었다. 어차피 시작하는 회사인데 좀 더 멋있고 폼 나게 시작해야 종전 회사에 대해 복수도 할 수 있고 주변 사람들에게 자신의 건재함을 확인시킬 것이라고 생각했던 것이다. A는 그간의 회사생활과 열심히 살아온 자신이 가진 것 모두와 주변의 도움까지 받아 시작한 사업이 불과 얼마 가지 않아 처참하게 무너지는 것을 경험하게 된 것이다.

그때까지만 해도 인생에서 단 한 번도 실패하거나 누구에게 져

본 경험이 없었던 A에게 창업한 회사가 무너지는 실패 경험은 회사를 그만둔 것보다 더 큰 충격으로 다가왔다. 노모와 배우자 그리고 고등학생이었던 아들과 A는 거리로 내몰리게 되었다. 그는 가족들에게 도움이 되지 못하고 모든 인간관계를 끊어 버린 채 세상과 담을 쌓았다.

생활무능력자이며 현실도피자로 매일 컴퓨터에만 매달려서 이상한 동호회의 운영자로 있는 A를 대신해서 결국 부인이 생활전선에 뛰어들었다. 남편이 회사에 있는 동안에는 능력 있는 남편 덕분에 해외주재원으로 가사도우미를 두고 생활했고, 회사의 부부동반 모임에서는 최연소 임원부인으로 주변 직원부인들의 부러움을 한껏 누리던 생활에서 갑자기 냉정한 현실과 부딪치게 된 것이다.

부인은 자신이 가지고 있던 패물을 팔고 친정집의 도움으로 근근이 이어가던 생활에서 조금이라도 도움이 될까 해서 고속도로 톨게이트 요금징수원을 시작했다. 하지만 하루 2,000~3,000명씩 고객들을 상대하며 받게 되는 스트레스를 감당하기가 쉽지 않았다.

같이 생활하던 노모는 이런 며느리의 외부활동을 반기지 않았고 마마보이 기질이 있던 남편은 노모의 편을 들어 일하는 부인을 괴롭히기 시작했다. 아들은 부인이 돌보는 조건으로 이혼하게 된 A는 노모와 단칸방에서 생활하고 있다. 최근 만성질환까지 얻게 되어 정말 어렵게 생활하고 있다.

이혼한 부인은 톨게이트 징수원 일을 그만두고 돈벌이가 더 쉽다는 음식점을 운영하다 이도 장사가 원만하게 되지 않아 뜻이 맞는 친구와 같이 유흥음식점을 하며 아들과 살고 있다. 부모의 이혼으로 방황하던 아들은 대학 진학을 하지 못하고 아르바이트로 하루하루를 보내다가 군대를 다녀왔다. 아들을 재수학원이라도 보내서 대학을 보내는 것이 부인의 꿈이다.

이런 가정이 흔치는 않지만 그래도 심심찮게 우리 주변에서 이런 이야기를 들을 수 있다. 그렇다면 왜 이런 일들이 생기는 것일까?

앞만 보고 달린 우리의 30~40대, 그리고 그 이후의 상황을 준비하지 못한 상태에서 갑작스러운 외부의 충격이 가해졌을 때 그것을 극복할 수 있는 능력이 없다면 이런 일은 누구에게도 예외없이 일어날 수 있다.

나 또한 독립 초기에는 많은 시행착오를 겪었다. 처음 회사를 나와서 시작한 사무실은 강남 요지의 대로변에 있는 좋은 건물이었다. 나름대로 신경을 써서 인테리어를 했다. 개업식을 하는 날 오래전부터 사업하고 있던 친구가 넌지시 "왜 이렇게 사무실을 크고 호화롭게 꾸몄냐?"라며 개업식 분위기에 맞지 않게 듣기 싫은 소리를 했다.

나는 기분이 나빠서 "걱정하지 마. 이까짓 게 뭐 대수냐?"하며 호기롭게 답변했다. 마침 사업이 어려워서 힘들어하는 친구가 시기심에서 하는 소리려니 했다. 그런데 그 친구의 걱정은 불과 몇 달이 지나지 않아 현실로 다가왔다. 보험사로부터 지원을 받아 시작한 사무실은 일정 한도의 업적을 하지 못하면 사무실에 대한 임차료와 설비비에 대한 경비를 부담해야 하는 것이었다. 애초 사업계획대로 사원모집과 생산성이 나오지 않아 상당한 금액을 부담하게 된 것이었다.

인생은 40대에서 끝나는 것이 아니다. 우리는 생의 마지막에 도착하는 순간까지 가치 있는 삶을 살아야 한다. 이것이 인생 전체에 대한 인생설계가 필요한 이유이다. 의도한 대로 잘 이루어질 수도 있지만, 전혀 생각지 못한 새로운 사건들이 발생할 수 있는 것이 인생이다. 따라서 그런 상황이 벌어졌을 때 슬기롭게 대처하는 준비가 필요한 것이다.

어려운 상황에서 자신감을 실어주고 도움을 줄 수 있는 이들은 주변에 있는 가족을 포함한 가까운 사람들이다. 직장을 물러난 것이 충격일 수는 있겠지만, 그다음 단계를 시작하면서부터는 새로운 출발을 위해 가족들과 상의도 해야 하고 주변 친구들의 조언도 들어야 한다.

배우자 일방이 상대방의 의견을 무시하고 시작한 일의 성공확률은 매우 낮다고 한다. 소신 없이 너무 남의 눈치만 보는 것도 문제이겠지만 감정이 앞서거나 복수심으로 시작하는 일은 성공하기가 어렵다. 주변인들의 적극적인 지원과 도움 없이는 어떤 성공이든 불가능하다.

어려운 상황에서 정말로 자신에게 도움이 될만한 조언과 조력을 줄 수 있는 좋은 사람들과 관계를 공고히 하는 것은 이런 면에서 매우 중요하다고 할 수 있다.

4

황혼이혼,
남의 일만은 아니다

은퇴 후 인생에서
가장 중요한 재료는 최고의 친구다.
– 무명의 현자

　　　　　　　황혼이혼은 인생의 황혼기인
50대 이후에 대개 20년 이상 결혼을 유지하던 부부가 이혼하는 것
을 지칭하는 말이다. 일본에서 한동안 사회문제가 되다가 최근에
는 우리나라에서도 사회문제로 떠오르고 있다.

　최근의 우리나라에서 급증한 이혼율이 과거의 누적된 가정문제
의 폭발이라는 지적이 있다. 이를 고려한다면 최근의 황혼이혼은
20년 이상 오랜 결혼 생활을 하면서 누적된 갈등을 50대 이후에
없애지 못해 나타나는 불가피한 현상일 수도 있다.

　통계청이 발표한 2012년 혼인 이혼 통계를 보면, 20년 이상 된
부부의 이혼이 늘면서 전체 이혼에서 차지하는 비중이 26.4퍼센

트로 역대 최고를 나타냈다. 이혼 부부 4명 중 1명이 황혼이혼인 셈이다. 1990년에는 결혼한 지 20년 이상 된 부부의 이혼 비율은 전체의 5.3퍼센트에 불과했다. 20여 년 만에 황혼이혼 비율이 5배 가까이 늘어난 것이다. 특히 혼인 기간 30년 이상 부부의 이혼도 8,600건으로 1년 새 8.8퍼센트가 늘었다.

그런데 이런 황혼 이혼의 대상자인 50대 이후의 경우 대개 남성은 직장에서 자신의 능력을 최고조로 발휘하던 왕성한 활동을 마치고 자신의 임무를 정리하며 이제 서서히 정년을 준비하는 시기이다. 여성은 자녀를 모두 양육해 대개 결혼시키고 자신의 시간이 늘어나는 시기이다. 점차 남성들의 힘은 빠지기 시작하고 여성들의 힘이 늘어나는 시기이기도 하다.

부부는 살면서 다양한 갈등을 경험한다. 대표적으로 성격상의 차이로 발생한다. 많은 이혼 부부들이 이혼 사유로 성격 차이를 든다. 어떠한 인간관계에서도 성격 차이는 관계를 불편하게 한다. 그러나 대부분의 부부 사이 갈등의 원인이 성격 차이라고 하지만 실제로는 부부간의 인지적 오류가 가장 클 수 있다.

인지(Cognition)는 사람들이 판단하고 결정하는 데 있어 다른 사람의 행동을 해석하는 방법을 말한다. 따라서 이러한 문제를 해결하기 위해서는 인지에 대한 새로운 접근이 필요하다. 이는 문제를 해결할 때 또는 문제를 일으키거나 악화시킬 때 우리가 마음을 어떻게 사용하는가에 초점을 두는 것이다.

부부관계에서는 이러한 인지적 오류의 빈도가 높고 중복적으로 일어나게 된다. 더 큰 문제는 배우자에 대한 이러한 오류를 알지 못하거나 그것이 잘못된 판단이라는 것을 깨닫지 못하는 것이다. 만약 알게 되더라도 바로잡는 데 소홀하다. 그래서 서로 마주 보고 말하면서도 각자 그 상황을 자기중심적으로 엉뚱하게 해석해서 결론을 내리고 그것이 옳다고 상대방을 비난함으로써 갈등은 증폭된다. 이러한 갈등을 겪으며 상대방에 대해 좌절하고 실망하게 되는 것이다.

이렇게 부부 사이에서 문제가 다른 사람들과의 관계에서보다 심각하게 전개되는 것은 부부관계라는 특수성 때문이다. 우선 부부는 상대방에 대한 감정과 기대가 높으며, 의존하고 싶고 상대방의 행동에 자기 마음대로 상징적 의미를 부여하게 됨으로써 상대방의 행동을 잘못 해석하기 쉽다. 그래서 그릇된 의사소통 때문에 갈등이 발생하고 이러한 갈등을 문제로 보지 않고 서로 비난하려는 경향을 나타냄으로써 문제가 심각해진다.

점차 부부 사이에서 어려움이 많아지고 적대감과 오해가 심해지면 가정을 함께 꾸렸던 긍정적인 면을 못 보게 되고 의혹이 커지며 오해를 일으킨 매듭을 풀 기회 조차 잃어버리게 된다.

이런 상황에 있는 부부들의 경우 인지치료를 통해 부부 사이의 분명한 사고와 의사소통하는 방법을 개선함으로써 처음부터 오해

하지 않도록 도움을 받을 수 있다.

부부는 결코 상대방의 마음, 태도, 생각, 감정 상태를 있는 그대로 이해할 수 없다. 상대방의 태도와 원망을 이해할 때 흔히 모호한 신호에 의존하는 수밖에 없기 때문이다.

또 우리는 이들 신호를 해석할 때 잘못을 범하기 쉬운 부호화 체계를 사용하고 있다. 그래서 그때그때 마음 상태에 따라 상대방의 행동을 해석하는 데에 편견이 따를 수 있다. 따라서 다른 사람의 동기나 태도에 대해 간파한 것이 정확하다고 믿더라도 그것이 사실과 들어맞지 않을 때도 잦다.

우리는 감정이 격해진 상태이고 정서가 격앙돼 있을 때, 관찰한 모호한 단서에 집착한다. 보이지 않는 마음에 대한 해석은 상대방에 대한 합리적인 평가보다 내적 상태, 느끼는 두려움과 기대에 영향을 받기 쉽다. 우리가 보고 듣는 것에 대한 다른 대안을 고려하지 않고 막무가내로 결론을 내리기 쉽다. 증거라고 말하기엔 너무나 빈약한 것을 가지고, 때로는 근거가 없음에도 불구하고 자신만의 상상력을 극대화해 결론을 맺는 섣부른 판단을 내린다. 특히 한두 가지 일에 대한 해석을 일반화시키는 일반화의 오류를 범하거나 부정적 자아상과 부부 사이의 비관적 미래와 연결한다.

그런데 자신의 상상으로 내려진 결론은 부정적인 인지 세트(Negative Cognitive Set)라 불리는 마음의 틀을 반영한다. 배우자를 이

틀 속에 넣고 보면, 배우자가 하는 모든 행동이나 말을 부정적인 방법으로 해석하게 된다. 편견은 타인뿐 아니라 자신에 대한 해석에 오류를 발생시킨다. 흔히 자존감이 낮은 사람들은 타인의 반응에 과도하게 의미를 부여하고 반응한다.

불안이나 우울 같은 심리적 장애를 가진 사람들은 도에 지나친 사고를 한다. 그리고 이 사고에 매달려 빠져나오지 못하는 '인지적 경직성'을 보인다. 문제를 가진 부부는 상대방을 심리적 장애를 가진 사람처럼 볼 때가 많고, 자신들은 현실적이고 마음을 열고 있는 듯이 생각하지만, 사실상 배우자에게 마음의 문을 닫아놓고 폐쇄적인 시각을 고수한다. 배우자를 증오하는 사람은 배우자의 감정, 사고, 동기 등을 추측할 때, 자기가 배우자의 마음에 들어가 본 듯이 생각하고 자신의 결론을 확신한다.

이런 상황을 극복하기 위해서 인지치료가 필요하다. 인지치료는 부부관계 유지의 노력으로 의사소통을 왜곡시키는 매듭을 풀고 상대방의 신호를 정확하게 보고 들을 수 있는 능력을 발달시키는 것이다. 인지치료와 아울러 결혼의 역동성(배우자의 민감성과 욕구)을 이해하고 부부가 함께 계획과 결정하고 서로 즐겁게 해줄 수 있는 방법도 학습해야 한다. 신뢰, 충실, 존중, 안정의 굳건한 토대를 구축하고 부부관계를 따뜻한 사랑이 넘치는 관계로 가꾸어야 한다.

부부 사이를 갈라놓는 가장 큰 문제는 상대방이 하는 말은 듣지 못하고, 하지 않는 말은 듣게 되는 소통의 단절이다. 이렇게 되면 의사 결정에서 갈등이 생기고 파트너십이 무너진다. 개인적 편견 때문에 부부간의 협동을 방해하게 된다. 분노와 자기 패배적 행동보다 앞서 부정적 사고가 짜증과 분노를 유발하게 되어 인지적 왜곡이 배우자를 갈라놓는 적대감으로 확대되는 사고장애와 편견이 생기게 된다.

이런 부부를 위한 인지치료 과정에서 지켜야 할 원칙이 있다. 부부 대부분이 겪고 있는 실망, 좌절, 분노는 성격 차이보다 상호간 그릇된 소통과 상대방 행동에 대한 잘못된 해석에서 나오는 오해 때문이라는 것을 알아야 한다.

오해는 부부가 상대방에 대해 왜곡된 이미지를 가지게 될 때 흔히 일어난다. 이러한 왜곡은 상대방의 말이나 행동을 잘못 해석하게 하고, 바람직하지 못한 동기를 가진 것처럼 보게 한다. 따라서 부부는 상대방에 대한 해석이 잘못된 것은 아닌지 커뮤니케이션은 분명하게 이루어졌는지 점검하는 습관을 가져야 한다.

부부 사이의 이런 문제 해결에 어느 일방의 노력만으로는 문제의 본질을 해결하는 데에는 한계가 있다. 부부 각자가 모든 것이 자신의 선택에 달려 있다는 사실을 깨달을 필요가 있다. 자신과 배우자를 행복하게 해주기 위해서 어떤 지식과 통찰을 사용할 것인지 선택할 수 있어야 하고 그대로 실행할 수 있어야 한다.

많은 남편들은 부인들이 '막내 아이만 결혼시키고 나면 갈라설 것'이라고 벼르고 있다는 사실을 알게 되거나, 그런 상황이 닥쳤을 때 그것을 타개하거나 모면하기 위해 평소 사용하던 여러 가지 방식을 동원한다. 하지만 대다수의 경우 부인 의도대로 이혼을 하거나 서로 더 큰 상처를 갖고 살아가게 되는 경우가 많다.

물론 이혼하고 새로운 배우자와 훨씬 좋은 사이로 살아갈 수도 있을 것이다. 하지만 만약 자신이 배우자의 행동에 대해 일반화의 오류로 인지적 해석을 잘못한 것이 원인이 되어 이혼한 것이라면 얘기는 달라진다. 재혼하더라도 원인 치료는 되지 않았기 때문에 다시 같은 오류를 범할 확률은 계속 가지고 있는 것이다. 따라서 처음 경험한 것보다 훨씬 더 큰 비극적인 상황을 맞게 될 수도 있다.

이혼 후 30년 만에 재결합한 부부나 매번 새로움을 기대하지만 반복적으로 여러 번의 이혼과 재혼을 거듭하는 사례들은, 우리가 하는 결혼생활에 대한 기대와 결정들에 문제가 있음을 입증하는 것이다.

제4장

—

누구와 더불어
즐겁게
살 것인가?

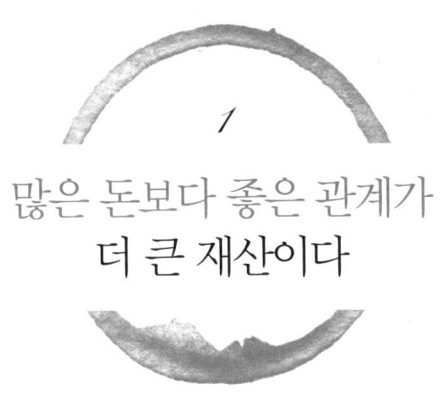

1

많은 돈보다 좋은 관계가
더 큰 재산이다

친구와 와인은 오래돼야 한다.
– 스페인 속담

'노후에 돈이 없는 것보다 외로
운 것이 더 큰 위험'이라는 말이 있다. 그래서 사람들은 은퇴 전과
다르지 않게 활기찬 노후를 보내며 외로움에 빠지지 않으려고 집
단을 형성하거나 그 집단에 소속되려 한다. 집단이란 '둘 혹은 그
이상의 상호의존적 개인들이 서로 상호 작용하면서 영향을 주는
것' 혹은 '둘 혹은 그 이상의 사람들이 공동의 사회정체감을 갖고
스스로 같은 사회범주의 구성원이라고 인식하는 것'을 말한다.

다시 말해 집단은 2명 이상이 모여 서로에게 의지하고 도와주는
모임의 형태라고 말할 수 있다. 최근 학생들의 왕따 문제와 외톨
이로 지내던 젊은이들이 저지르는 대형 범죄, 노인들의 고독사 등

의 사회문제들이 모두 이런 집단과의 관계 부조화에서 발생한 것이라고 볼 수 있다.

그러면 왜 사람들은 이런 집단을 만들려고 하는 것일까? 집단의 기능에는 우선 생존의 기능과 불안해소, 소속감, 사회적 지지, 목표달성, 사회적 비교, 사회 정체성 등의 다양한 기능이 포함돼 있다.

우리가 한자를 처음 배울 때 사람 인(人)자를 배우면서 가장 많이 들었던 말이 '인간은 혼자 설 수 없으므로 서로 의지한다는 면에서 사람 인(人)자를 만들었다고 하는 것'이다. 이 말은 집단을 이루어야만 생존할 수 있는 인간의 사회성에 대한 정확한 설명이라 할 수 있다.

사회적 동물인 인간이 효과적으로 생활하기 위해서 만든 형태가 집단이다. 그리고 이 집단은 다양한 기능을 가지고 있다. 우선 생존에 있어 집단은 필수적이다. 적절한 동반자를 찾기 위해서도 집단이 필요하다. 식량을 구하거나 안전 확보에 도움을 받기 때문이다. 집단은 사회적 비교과정을 통해 위험을 판단하고 불안을 감소시켜주며 다른 사람과의 긍정적이고 지속적인 관계를 통해 고독감으로부터 자신을 보호해 주는 역할도 하게 된다. 집단은 새로운 아이디어를 발전시키고 중요한 과제를 수행하는 데 도움을 준다.

집단의 가장 중요한 기능이라 할 수 있는 것이 사회성에 대한 역할이다. 사회성은 사랑과 보호, 가치감 등을 주고 또한 심리적 신체적 건강을 제공해 주며 정보를 명료하게 전달함으로 인해 긍정적 자기평가를 할 수 있게 해주고 집단구성원과의 일치감은 우리에게 집단 소속에 대해 긍정적 느낌을 준다.

자의든 타의든 간에 이런 집단에서 소외되면 고립되고 그 결과 우울증과 인지능력 쇠퇴, 정서적 불안정을 겪게 된다. 주로 은퇴자들은 퇴직과 동시에 이런 과정을 경험하게 된다. 대표적으로, 소외된 사람들은 자존감을 잃게 된다. 자신의 가치를 평가하는 자존감은 자신이 속한 집단에서 얼마나 인정받느냐에 따라 다르므로 집단에서의 소외감은 자존감의 상실로 즉각 표현된다.

사람들은 집단에 소속돼 있는 동안에도 자신이 집단에서 포함되고 있는지 소외되고 있는지 지속해서 탐색한다. 만약 자신이 소외되고 있다는 것을 알게 되면 그 소외원인을 파악하기 위해서 집단 내 상호관계를 훨씬 더 중시하거나 수용되기 위해 행동을 수정하게 된다. 구체적으로는 일을 더 열심히 하거나 사람들에게 용서를 구하거나 호의를 베푼다. 또는 부탁받은 일에 대해 거절 못하는 행동을 보이기도 한다.

고독감은 관계 형성이 곤란하고 어울리지 못하는 감정을 말하는데 단절에 대한 슬픔이나 우울함, 공허감 등을 느끼게 된다. 고독감에는 관계 형성을 못해서 느끼는 정서적 고독감과 집단과의 연결망이 차단되었다고 느끼는 사회적 고독감이 있다. 이 두 가지 모두 위험하다. 이러한 집단은 네 가지 형태로 존재하는데 첫 번째 집단이 사람들의 집단이다. 사람들의 집단이란 극장이나 전철 같은 곳에 청중이 모인 것을 말한다. 하지만 이런 집단에 속해 있다고 해서 인간이 가진 고독감이 없어지는 것은 아니다.

두 번째인 구조화된 집단은 군부대나 사교클럽 등을 말하는데 여기에서는 사회적 고독감이 감소할 수 있다. 다음 단계로 친밀한 집단이 있는데 친구나 연인 등을 말하는 것이다. 여기서는 정서적 고독감을 없앨 수 있다. 마지막 단계로 친밀한 구조화된 집단으로 가족이나 공동생활체나 친밀하게 결성된 공동체를 말한다. 이곳을 통해 우리는 사회적 고독감과 정서적 고독감을 해소할 수 있다. 은퇴 후 삶에서도 우리의 자존감과 행복을 유지하기 위해서는 이러한 친밀하게 구조화된 집단에 오래 소속될 수 있도록 해야 한다.

얼마 전 같은 회사에 다니던 선배가 퇴직하고 관계사 임원으로 자리를 옮겼다. 회사에 있는 동안 동문 모임을 주도하고 많은 후원을 했던 선배였다. 하지만 그가 회사 퇴직 후 처음 맞이하는 연말 모임에 초대받지 못했다고 내게 어떻게 된 일이냐고 연락이 왔다. 나도 사실은 전체적인 내용을 몰라서 확인해보고 연락을 주겠다고 했다.

모임을 주도하고 있는 후배에게 연락했더니 "현직에 있는 후배들이 그 선배가 모임에 오는 것을 싫어해요"라면서 말꼬리를 흐렸다. 그 선배가 현직에 있을 때 후배들의 인사를 챙겨주지 않았고 자기 이익만 추구했다는 것이었다.

다른 한 선배는 정년퇴직하면서 회사와 관련된 대리점을 내려고 신청서를 냈다. 하지만 그 업무를 담당하는 후배들은 선배의 개업에 협조하려고 하지 않았다. 선배가 현직에 있을 때 대리점 업무를 수행하던 후배들과 갈등을 일으켰고 후배들이 그때 불이익을 많이 받았다는 것이다.

우리가 회사에서 일하는 동안 자신의 업무를 열심히 하는 것은 중요하다. 그러나 그러한 업무를 진행하면서 원칙이 지켜지지 않는 지나침이 있으면 퇴직 후 그 상황에 대해 상대방의 원망을 듣거나 후배들과의 인간관계가 나빠질 수도 있다. 혼자 살겠다고 개인적인 이익을 추구하는 경우 이런 문제는 더 심각해진다. 퇴직 후 모임에서는 같은 회사 직원이었다는 사실만으로 자격이 주어지지는 않는다. 일정액의 입회비를 징수하는 곳도 있고 구성원들의 동의를 구하지 못한 채 만약 참여하더라도 의도적인 왕따를 당하기도 한다.

인간관계를 인맥과 일맥으로 구분하기도 한다. 사람 중심의 관계는 인맥이고 일 중심으로 만든 관계는 일맥이다. 직장을 다니는 동안 대부분 사람들은 일 중심으로 직장 동료들이나 거래처 사람들을 만난다. 일상의 대부분을 이들과 같이 보낸다고 해도 과언이 아닐 만큼 일상과 휴일까지도 이들과 어울리게 된다. 하지만 퇴직하고 나면 상황은 180도 달라진다.

현직에 있는 후배들과의 만남은 오래 가기가 힘들고 먼저 퇴직한 선배들은 직장이라는 울타리에서 벗어난 상태에서는 예전만큼의 구속력이나 응집력이 떨어진다. 거래처 사람들과의 만남은 더욱더 힘들다. 대부분 직장을 다니는 동안 만나던 거래처 사람들은 갑을 관계로 만났고 주로 갑의 처지에서 거래처를 관리했기 마련이다. 그래서 퇴직 후에도 그런 위치를 기대하지만 실제로 그런 갑을 관계는 회사라는 큰 틀 안에서 주어진 것이지 개인과의 관계에서 발생한 것은 아니다.

이런 상황을 이해하지 못하고 퇴직 후 거래처의 사람들과 만날 것을 요청하면 만남 자체부터 상대방이 거절하거나 만나더라도 지금까지 경험과는 너무나 동떨어진 상황을 경험할 가능성이 매우 크다. 적어도 갑과 갑 정도는 돼야 하는데 갑자기 을이 갑이 되고 갑이었던 자신이 을이 되는 경험을 할 것이기 때문이다. 한두 번 이런 경험을 반복하다 보면 결국은 방에만 콕 박혀서 생활하는 방콕족이 되고 만다.

이런 상황을 극복하기 위해서는 직장을 다니는 동안에도 직접적인 이해관계가 없는 사람들과의 관계를 만드는 것이 좋다. 가장 대표적으로는 취미 활동이나 해당 관심 분야에 종사하는 사람들과 어울리는 인맥을 만드는 것이다. 이해관계에 얽혀서 퇴직과 동시에 관계가 끊어지는 인맥과는 달리 퇴직으로 인해 발생하는 심리적인 충격을 극복하는 가장 좋은 위로의 대상이 될 수도 있다. 경우에 따라서는 퇴직 후 새로운 인생을 준비하는 데 많은 도움을 받을 수도 있기 때문이다. 다시 말해 사회적 고독감과 정서적 고독감을 동시에 해결하는 구조화된 집단을 만드는 것이 중요하다.

이해관계가 없는 가장 좋은 만남은 역시 가족이다. 하지만 가족관계가 혈연으로 맺어졌다고 해서 무조건 남보다 나은 것은 아니다. 세상에서 가장 미워하고 증오하는 대상이 가족인 경우도 많기 때문이다. 그래서 퇴직 후 행복한 삶을 위해서 가족과 좋은 관계를 만드는 것이 가장 중요하다.

그중에서도 가장 오래 생활하게 될 배우자와의 관계가 중요한데 실제 퇴직을 앞둔 도시에 거주하는 남편들에게 "퇴직 후 누구와 어디서 지낼 것인가요?"라고 물어보면 대부분이 "고향이나 시골에서 배우자와 같이 지내려고요"라고 답한다. 하지만 그 부인들을 대상으로 같은 질문을 던져 보면 전혀 다르게 답한다. "지금 살고 있는 곳에서 친구들과 같이 지낼 거예요"라고 한다. 물론 그 친구에는 남편이 해당하지 않는다.

실제로 2012년도 귀농한 가구 중 1인 가구가 57퍼센트였다. 그것도 60대 이후부터 그 비율이 높았다. 자신이 꿈꾸는 평화로운 삶을 시작하는 노후에 배우자가 없는 삶이 되고 자녀들과도 결별하고 있다. 따라서 은퇴 후 새롭게 만나는 환경에서 새로운 사람들과 새로운 관계를 만들어야 한다. 하지만 이것 역시 쉽지 않다.

강원도에서는 귀농·귀촌인이 매년 증가하고 있다. 하지만 일부 마을에선 귀농·귀촌인과 지역주민 간 삶의 방식이나 의식의 차이로 대화단절, 이기주의 등 갈등이 발생하고 있어서 이를 해결하기 위한 수단으로 귀농, 귀촌 화합프로그램을 시범 운영하기도 한다.

사회적 동물인 인간으로 일생동안 지속적인 행복감을 유지하기 위해 주변 사람들과의 좋은 관계를 유지하는 것은 무엇보다 중요한 일이다.

2
배우자와 행복하게 지내는
방법

행동이 언제나 행복을 가져오지는 않는다.
그러나 행동 없는 행복은 없다.
– 벤저민 디즈레일리

　　　　　　　　　　　　퇴계와 부인 권 씨 이야기는 부
부의 사랑이 어떠해야 하는지를 보여주는 좋은 사례로 알려져 있
다. 예안에서 귀양살이를 하던 권질은 어느 날 퇴계에게 양대에
입은 사화로 정신이 혼미치 않은 자신의 딸을 맡겼다. 퇴계는 권
씨 부인과 결혼하고 34세 때부터 동거했다. 할아버지의 제삿날 모
든 식구들이 큰형의 집에 모였다. 제사상을 차리느라 온 식구가
다 정신이 없는 가운데 상 위에서 배가 하나 떨어졌다. 그러자 권
씨 부인은 얼른 배를 치마 속에 숨겼다. 이를 보고 손위 동서들이
많이 나무랐다. 이 사실을 알게 된 퇴계는 부인의 잘못을 대신해
형수에게 정중하게 사과했다고 한다.

퇴계는 남몰래 아내 권 씨를 불러 "부인, 치마 속에 배를 숨긴 이유가 무엇이오?"라고 물었다. 아내는 "배를 본 순간 너무 먹고 싶어 그랬습니다"라고 답했다. 그러자 퇴계는 배를 꺼내게 한 후 손수 배의 껍질을 깎아 아내에게 먹으라고 잘라주었다고 한다. 퇴계는 인간윤리의 기본이라고 할 수 있는 부부의 도리를 실천해 가정의 평안을 유지하려고 한 것이다. 남편으로서 신의를 다하는 한편 비록 모자란 아내였으나 존엄성을 지닌 인간으로서 대접받으며 일생을 마칠 수 있게 함으로써 완덕의 길로 나갈 수 있었던 것이다.

스턴버그(Sternberg)의 사랑의 삼각형 이론에 의하면 사랑의 구성 요소를 세 가지로 설명한다. 그 첫 번째는 친밀감(Intimacy)으로 가까운 정서, 정서적 지지, 이해와 신뢰, 편안함을 주는 것이다. 두 번째는 열정(Passion)으로 욕망, 성적 몰입, 낭만을 의미한다. 세 번째는 개입(Commitment)으로 관계 결정, 관계유지 노력, 책임과 의무 등을 말한다.

이 세 가지 요소들이 어떻게 결합하느냐에 따라 결혼생활 방식이 달라진다. 우선 친밀감과 열정이 결합하면 낭만적 사랑이라고 하고 친밀감과 개입이 결합하면 동료애가 생기며 열정과 개입이 결합하면 얼빠진 사랑이 된다. 오직 친밀감과 열정과 개입이 복합적으로 결합할 때에만 완벽한 사랑이 된다는 것이다. 이 세 가지가 잘 유지되지 않아 많은 부부가 결혼생활에 어려움을 겪거나 이혼하게 된다.

이러한 파경이 초래되는 원인도 남녀 간에 차이를 보인다. 결혼의 생물학적 전략목표로는 건강한 후손 번식의 가능성을 높이는 것이다. 따라서 심리적으로 남성은 여성의 젊음과 아름다움(건강), 정절이 중요하다고 여겨 여성의 육체적 외도에 대해 가장 분개한다고 한다. 여성은 남성의 건강(체격)과 능력(지능, 경제적 여유)을 중요시하고 남성의 정신적 변심에 가장 분개한다고 한다. 따라서 이런 남녀의 차이를 인정하고 상대방이 원하는 것과 하지 말아야 할 것에 대한 기본적인 이해를 바탕으로 건강한 결혼생활이 유지되도록 각자가 노력해야 한다.

1999년, 고트만(Gottman)이 부부 79쌍을 20년간 관찰한 결과에 따르면 부부가 결별하는 이유로 공통적인 것은 문제를 거론하지 않고 갈등을 피하는 것과 차이점을 무시하고 덮어두는 것, 비판, 불평 확대, 경멸 등의 파괴적 의사소통과 방어적 태도 그리고 부정적 표현에 부정적으로 반응하는 부정적 상호성 때문인 것으로 나타났다.

오랫동안 행복한 인생 여정을 이어가기 위해서는 필수요소라 할 수 있는, 가장 마음이 맞는 친구인 인생의 동반자인 배우자와 잘 지내기 위해서는 이런 결별의 요소를 피하고 배우자에 대해 좀 더 친밀하게 행동해야 할 것이다.

　이런 친밀감을 유지하기 위해서 우선은 부부관계에서 긍정적인 대화기술이 필요하다. 이는 문제를 부드럽게 풀어가는 것으로 해결할 수 있다. 부드럽게 대화를 시작하는 것은 배우자에게 어떻게 문제를 제기하느냐를 의미한다. 대화는 시작하는 방법에 따라 전개 방법이 96퍼센트나 달라지게 된다. 문제제기를 거칠게 시작하게 되면 둘 중 하나는 비난하고 경멸하게 된다. 그리고 방어나 공격으로 연결된다. 문제는 해결되지 않고 분노만 표현하며 말하는 것에는 파국으로 가는 네 가지 지름길의 대화방식이 모두 포함돼 있다. 문제를 부드럽게 풀어가기 시작한다는 것은 우선 비난하지 말고 중립적으로 묘사해서 기분을 말하고 내가 원하지 않는 것을 말하는 게 아니라 내가 원하는 바를 말하는 것이다. 그리고 정중하게 이야기하고 고마움을 표현한다.

　파국으로 가는 원인 중의 하나인 경멸의 가장 강력한 해독제가 사랑과 칭찬이라는 것을 명심하자. 그리고 상대로부터 무언가를 끊임없이 바라기만 하는 수동적인 자세에서 벗어나야 한다. 가사 활동에 대해 역할 분담도 하고 같은 취미 활동을 준비하기도 해야 한다. 부부의 역할에서 가장 큰 오해는 서로 마주 보고 상대가 무언가를 주기만을 바라는 것이 아니라 가족 공동의 목표를 향해 앞으로 같이 걸어가는 것이다.

직장생활 혹은 외부 활동이 많은 대부분의 남편이 부인에게 가장 많이 듣는 잔소리와 불만 중의 하나가 너무 말이 없다는 것이다. 오죽하면 경상도 남자들은 집에 가서 하는 말이 "밥 도오" "자자" 정도라고 할까? 그런데 밖에서는 누구에게나 말을 청산유수처럼 잘하던 남편이 집에 와서는 왜 그렇게 과묵해지는 것일까?

내가 대학원에 다닐 때 지도교수가 이 질문에 대한 명쾌한 답을 제시했다. 경제학을 전공했던 그는 이를 경제학적 관점에서 대화의 경제적 가치로 설명했다. 남편들이 집에 와서 말하지 않는 것은 단지 돈이 되지 않기 때문이라는 것이었다. 밖에서 그렇게 많은 말을 쉴 새 없이 하는 것은 그것이 다 월급이나 수입과 관련된 활동이었는데 반해, 집에서는 아무리 말을 많이 해도 돈이 되지 않기 때문에 말을 안하는 것이다. 집에서도 직장에서처럼 돈이 나온다면 아마도 많은 이야기를 할 것이라고 했다.

참 일리 있는 해석이다. 강사이고 교수인 나도 참 말을 많이 하고 다닌다. 그런데 정말 집에 들어가면 말하기가 싫다. 우선 밖에서 너무 말을 많이 해서 진이 빠진 것도 있고 딱히 대화할 만한 소재도 마땅치 않아서 그렇게 된다.

사실 결혼 초기에는 그러지 않았다. 정말 다양한 분야의 많은 소재로 대화를 나누었던 것에 비하면 지금의 날들은 거의 침묵시위 수준이라고 할 수 있다. 그런데 이렇게 밖에서 하는 대화와 집에서의 대화를 심리학적인 관점에서 분석해 보면 앞서 말한 경제학적인 관점과 매우 유사한 부분이 있음을 알게 된다.

학자들이 이런 문제를 실험을 통해 연구해 봤다. 1973년, 레퍼(Lepper), 그린(Greene)과 네스빗(Nesbitt)이 진행한 아동들의 그림 그리기 활동 연구이다. 참여 아동들을 세 그룹으로 나누고 첫 번째 그룹에는 '훌륭한 화가 인정서'를 보여주면서 그림을 그리면 상을 주겠다고 했다.

두 번째 그룹에는 아무런 지시 없이 단지 그림을 그리도록 한 후 나중에 '훌륭한 화가 인정서'를 주었다. 세 번째 그룹에는 단지 그림을 그리도록 했으며 아무런 보상도 주지 않았다. 그리고 2주 후 다시 그림 그리기 활동에 참여하게 된 아이들을 관찰한 결과, 상을 받기 위해 그림을 그렸던 첫 번째 조건의 아동들은 그리기에 별 흥미를 보이지 않았다. 더구나 보상이 주어지지 않는 상황에서 이 아이들은 그림 그리기를 그만두었는데, 외적인 보상이 그림 그리기에 대한 본래의 내재적 동기를 없애 버린 것처럼 보였다. 그러나 다른 두 조건의 아동들은 2주 후에도 그림 그리기에 비슷한 수준의 흥미를 나타냈다.

행복을 심리학적인 관점에서 보면 전통적으로 인간은 욕망이 충족된 상태에서 행복감을 느낀다. 본능적인 식욕, 성욕, 재물욕, 권력욕, 명예욕 등이 충족되었을 때 느낀다는 것인데 이는 행복에 대한 쾌락주의적 입장과 일치하는 견해이다.

좀 더 구체적으로 보면 인간의 욕망과 비슷한 말로 욕구와 충동, 동기 등을 들 수 있다. 그중 심리학에서는 '동기'라는 용어를 선호한다. 동기는 특정한 목표를 향해 행동하게 하는 내면적인 원동력을 의미한다. 이 동기는 목표지향적 행동을 유발하고 지속하게 하는 추진력, 즉 에너지를 제공하며 조절하는 기능도 한다.

앞서 말한 예시처럼 대화하거나 아동들이 그림을 그리게 만든 것이 바로 동기이다. 그런데 이 동기는 다시 내재적 동기와 외재적 동기로 나눌 수 있다. 외재적 동기는 우리가 외적인 보상을 얻기 위해 행동할 때 작동한다. 외적 보상이란 돈이나 소유물, 지위와 권력, 사회적 인정과 명예 등과 같이 외부에서 발생하는 행동 유인요인을 의미한다.

내재적 동기는 우리가 어떤 외부적 보상과 상관없이 일 자체를 위한 활동에 참여하도록 이끌릴 때 작동하는 것이다. 내재적 동기는 기본적인 심리적 욕구 때문에 생겨나는 것으로서 그러한 동기를 충족시키기 위한 행동 속에서 자체적으로 만족감을 느낄 수 있다. 이러한 동기는 인간에게 내재해 있는 심리적 성장과 자기실현 욕구를 반영하는 것으로 이러한 동기의 충족은 행복에 있어 필수적이다.

집에서 대화가 중단된 남편들은 그 대화가 가지고 있는 본질적인 의사소통의 의미보다 경제적 도구 수단으로서 외재적 동기에 익숙해졌기 때문이다.

　연구에 참여한 아동들 역시 첫 번째 조건의 아동들에게는 과잉 정당화가 일어난 것이다. 그림을 그리면서 얻을 수 있는 만족감인 내재적 동기가 외적인 보상으로 대체되는 현상을 말한다. 내재적인 만족을 얻고 있는 미술 활동에 대해 보상을 해주게 되면 이후에 그 활동에 참여하게 하는 내재적 동기가 저하될 수 있다.

　우리를 행복하게 하는 것은 어떤 보상의 기대보다 그 자체에 대한 만족이나 재미를 느껴서 참여하게 되는 활동들이다. 집에 가서 말하지 않는 것도 아예 외부 활동을 하지 않고 집에서 부부끼리만 지내던 남편이라면 사실 대화의 빈도에서 큰 차이가 없을 것이다.

　하지만 외부에서 말을 많이 하는 직업, 특히 말이 수입과 직접 연관된 분야에서 일하는 사람들이라면 차이가 클 수 있다. 이러한 문제는 단지 남편이 집에서 대화하지 않는 것에 국한되지 않고 개그맨들이 집에서 가족들을 웃기지 않는다거나 가수들이 아무 곳에서나 노래를 부르지 않는 것과 무관치 않다고 할 수 있다.

　이러한 내재적 동기와 외재적 동기의 구분은 행복과 정신건강을 이해하는 데에 매우 중요하다. 내재적 동기를 지닌 사람들은 외적인 보상으로 동기가 부여된 사람들에 비해서 업무성과, 끈기, 창의성, 자존감, 활기가 향상되었으며 전반적 행복 수준이 더 높다고 한다. 내재적 동기를 지닌 사람들은 건강 증진 행동, 종교적 참여, 친밀한 인간관계, 정치적 활동과 같은 다양한 영역에도 긍정적인 결과를 나타내는 경향이 있다.

집에서 하는 대화를 보상 수단과 연결하지 말고 부부간의 의사소통의 장으로 잘 활용하는 습관을 만들어 대화에서 얻어지는 기쁨을 찾는 것이, 이러한 대화의 본질인 내재적 동기를 변질시키지 않고 부부관계를 원만하게 만들 수 있는 최상의 수단이 될 것이다.

어떤 부부는 일상이 바쁜 남편을 위해 부인이 하루 기사를 모아서 스크랩해 두었다가 귀가한 남편에게 브리핑해준다고 한다. 이러한 행동은 상대방에게 자기의 의지를 보여주고 도움을 주는 긍정적인 작용을 할 것이다.

사실 경제적 동기요소를 이유로 설명하기는 했지만, 대화가 단절되는 또 다른 문제 중의 하나는 공통의 대화 소재가 적다는 것도 무시할 수 없다. 직장일로 피곤한 남편이 귀가해서 관심을 갖고 대화할 만큼 흥미로운 공통의 대화 소재를 만든다면 이러한 문제는 해결될 것으로 보인다.

남편의 고민을 상담하는 곳에서 고민의 내용을 분석한 결과, 남편들이 부인에 대해 가장 난감해하는 항목 중의 하나가 '지적 성장이 멈추어 버린 듯한 아내의 모습'이라고 한다. 좋은 대화를 위해 부인들이 어떤 부분에서 노력해야 하는가를 시사한다고 할 수 있다. 물론 여기서 말하는 지적 성장이란 남편 기준이니까 상대적으로 부인 입장에서도 남편에 대해 같은 심정일 수 있다.

지적 성장이란 '자기가 관심 있는 분야에 대한 상대방의 이해도'를 말한다고 할 수 있다. 따라서 상대방도 관심을 가질만한 공동의 소재는 좋은 대화를 위한 필수 조건이라 할 수 있다. 서로 이해하기 위해서는 자신의 속내를 드러내는 충분한 대화가 가장 바람직한 방식이다.

남편과 부인은 오랜 시간을 같이 보내지만 그럼에도 어쩔 수 없는 차이가 존재한다. 무작정 노력한다고만 해서 해결할 수 없는 영역이 있는 법이다.

오죽하면 남자들이 군대에서 축구 시합을 한 얘기를 여자들이 가장 싫어한다고 할까? 남자들이 이런 이야기를 재미있어 하는 것은 자신들만이 경험한 것을 뽐내려 한 우쭐한 심리일 수도 있다. 그런데 그럼에도 여자들에게 그 상황을 세세히 다 말하지 못하는 도저히 이해할 수 없는 경험들이 존재할 수 있다. 남녀 사이에서는 설명을 통해서도 이해할 수 없는 절대적인 영역이 있기 마련이다. 따라서 그 차이를 인정해야 한다.

3

극복해야 할 빈 둥지 증후군

당신이 태어났을 때, 당신이 울고 세상이 기뻐했다.
당신이 죽을 때, 세상이 울고 당신이 기뻐할 수 있도록 세상을 살아라.
– 인디언 속담

결혼 초기, 자녀를 낳고 가족을 형성해 가는 동안 같은 울타리 안에서 지내는 것이 일반적이다. 하지만 은퇴를 전후한 시기에 일정 나이까지 성장한 자녀들은 가족과 결별하게 된다. 결국, 집에는 부부만 남아 생활하게 되는 경우가 생긴다. 이렇게 되면 그동안 북적거리던 집안이 한적해진다. 남편의 사회생활과 자식의 성장에 따른 독립으로 인해 가정이 빈 둥지로 남고 주부들 자신은 빈껍데기 신세가 되었다는 심리적 불안에 싸이게 된다. 이런 현상을 '빈 둥지 증후군'이라고 한다.

가부장적인 가치관 속에서 가정을 지키는 현모양처의 모습을 강요받아온 대다수의 베이비붐 세대의 주부들은 매사에 집안에서 가족을 돌보는 지킴이의 역할에 충실한 생활을 해 왔다. 이런 조건 속에서 여성들은 나이를 먹어갈수록 사회적으로 안정적인 지위에 오른 남편과 비교하면서 자신의 처지가 보잘것없다는 자괴감을 느끼기 쉽다. 부부간의 의사소통이 줄어드는 것도 경험한다. 자식들 또한 커갈수록 진학, 결혼 등 각자 독립된 길을 가면서 어머니와의 의사소통이 줄어들고 가족을 떠나게 된다. 이로 인해 여성들이 느끼는 공허감과 불안감 등이 빈 둥지 증후군을 발생시키며, 이 때문에 갱년기 우울증을 유발하기도 한다.

빈 둥지 증후군이 여자들에게만 있는 것은 아니다. 내가 빈 둥지 증후군을 처음 경험한 것은 아들이 군에 입대하면서였다. 장교로 복무하는 동안 단 한 번도 면회라는 것을 경험해 보지 못하고 제대한 나였지만 아들이 입대한다고 해서 서울역까지 바래다주고 오는데 기분이 참 묘했다.

집에 돌아와서 아들이 있던 방을 보니 허전하고 막막했다. 내색하진 않았지만 아내는 더 한 것 같았다. 나름 씩씩하게 집 앞에서 배웅하고 보냈지만, 훈련소에 도착하고 입고 갔던 옷과 신발이 소포로 도착하자 보고 싶고 그리운 복잡한 감정을 억누르지 못했다. 훈련 도중에 인터넷으로 실시간 훈련 모습들이 사진으로 올라오면 얼굴 식별도 잘 되지 않는 사진을 보면서 아들 모습을 찾아내느라 우리 부부는 밤을 새우기도 했다. 평소 텔레비전에서 훈련소에서 아들을 입대시킨 부모들이 아쉬워하거나 훈련 중인 아들을 만나러 면회 가는 것을 보면서 왜 저러나 싶었던 내가 그들과 같은 행동을 하고 있었다. 대전까지 면회도 다녀왔고 첫 휴가 나올 때까지 목이 빠지게 기다리기도 했다. 세 가족 중 한 명이 떠나자 그 빈 자리는 정말 커 보였다.

이런 빈 둥지 증후군을 극복하기 위해서는 발달 과정에 따른 역할의 변화에 대해 이해하고 준비할 필요가 있다.

빈 둥지 증후군은 아무래도 남편보다는 부인들에게서 그 역할 상 더 많이 나타날 수밖에 없다. 이것이 심해지면 이 시기의 여성들에게 신체적으로 찾아오는 폐경과 맞물려 심한 우울증에 빠지기도 한다. 따라서 역할 상실과 자신에게 주어진 시간을 무료하게 보낼 것이 아니라 적정한 수면과 규칙적인 활동이 필수적이다. 흥미를 느끼고 상실감에 대처할 수 있는 관심 있는 분야의 자기계발이나 취미활동을 하는 것도 필요하다.

가사 외의 바깥활동에도 관심을 가져 볼 필요가 있다. 의미 있는 삶을 위한 봉사활동을 해보는 것도 도움이 될 수 있고 비슷한 처지에 있는 친구들과 모임을 갖는 것도 한 방법이다. 배우자와 같이 이런 시간을 즐겁게 보내는 방법을 찾는 것도 좋다.

4

며느리와 아들에 대한
새로운 해석

삶은 새로운 것을 받아들일 때만 발전한다.
마음의 문을 닫지 말고 항상 열어두어라.
– 라즈니쉬

자녀들이 성장해 결혼하는 단
계에 이르면 새로운 식구가 가족으로 들어온다. 손자와 손녀까지
생기면서 가족에 큰 변화가 생긴다. 시어머니가 시집온 며느리에
게 가장 무서운 존재였던 과거의 모습과는 달리, 며느리와 시어머
니의 관계도 많은 변화를 보이고 있다. 이런 며느리를 보는 시선
에 남편과 부인의 견해 차이도 크다.

노후를 대비하기 위해 필수적인 것 중 하나는 문제를 정확히 보
고 해결하기 위해 부부의 의견을 통일하는 것이다. 하지만 실제로
가장 큰 장애 요소가 될 수 있는 것이 바로 자녀에 대한 생각 차이
다. 자녀들에 대한 부부의 의견 차이는 노후를 심각하게 위협하는

문제가 되기도 한다.

가족이란 이해관계를 초월한 애정적 혈연집단으로 운명공동체로 부여된 인간관계이다. 평생 지속적인 인간관계를 유지하고 여러 구성원으로 구성된 하나의 역동적 체계이다. 가족의 기능은 개체보전과 종족보존의 역할과 개인의 기본적인 성격 형성과 인간의 기본적인 욕구 충족을 위한 강력한 정서적 지지원이기도 하다.

이런 가족관계 중에서 특히 부모자녀간은 가장 일차적이고 본능적 애착이 강한 숙명적인 관계이다. 수직적이고 종속적인 관계이다. 기본적이고 근원적인 관계로 교육의 장이기도 하다. 하지만 시간의 흐름에 따라 역할과 관계도 변화한다.

이러한 과정에서 부모와 자녀 간에도 갈등이 존재한다. 그 요인으로 세대 간의 차이를 들 수 있다. 성장해 온 사회적, 교육적 배경이 부모와 자녀가 서로 다름으로 일어나는 문제이다. 특히 시대적인 상황 변화와 흐름이 빨라진 현대 사회에서 그 문제는 더 심각해지고 있다. 가치관과 사고방식, 행동규범, 생활 습관, 감정표현 방식 등의 현저한 차이와 서로에 대한 이해와 공감영역이 괴리됨으로 인해 더 많은 갈등이 발생할 수 있다.

아내의 친구가 며느리를 봤다. 성적이 별로 좋지 않아 대학 진학도 못하고 있던 아들을 어학연수라도 다녀오라고 보낸 외국에서 유학 중이던 아주 참한 아가씨를 사귀게 되어 결혼을 시키게 되었다는 것이었다. 그런데 그 과정에서 친구는 자기 남편을 밥맛 없는 인간이라고 표현하더란다. 그 이유를 물었더니 "아들 결혼비용의 상한선을 1억 원으로 정해 놓고 그 이상은 한 푼도 주지 말라는 거 있지"라고 했다. 실제 결혼을 시키기 위해서 이것저것을 계산해 봤더니 그 돈으로는 도저히 불가능하다는 것이었다.

우선 살 집을 마련해 주어야 하는데 최소한 1억 5천만 원은 주어야 연립주택 정도를 전세로 얻을 수가 있었고, 예물도 남들만큼은 아니더라도 최소한으로 갖추려면 3천~4천만 원은 든다는 것이었다. "그런데도 세상 물정 모르고 저렇게 고집을 피우고 있으니…. 나가서 자기가 직접 집을 한번 구해보라지. 그러면 현실과 얼마나 동떨어진 생각을 하는지 알 텐데 말이야"라며 답답해했다고 한다. 그러면서 "우리 그이는 아들 용돈도 꼭 만 원씩만 줘. 아니 요즘 젊은 사람들이 하루 만 원 가지고 무얼 할 수 있겠어? 별로 많지는 않지만, 열심히 일해서 모아 놓은 돈은 도대체 어디에 쓰려고 저러는지 모르겠네" 하면서 혀를 끌끌 차더란다. 1억 5,000만 원짜리 집을 1억 원에 구했다고 남편에게 거짓말을 했다고 한다.

또 다른 부인은 물류 유통업으로 꽤 많은 재산을 모았다. 공군 사관학교를 나와 조종사로 근무하고 있었던 아들이 스튜어디스와 결혼했다. 결혼하고 며느리는 1년 동안 휴직하고 아들이 근무하는 지방의 부대 사택에서 생활하고 있었다.

아들 결혼을 시키고 나서 몸 상태가 좋지 않아 건강검진을 받다가 갑상선 암 진단을 받아서 수술하게 되었다. 그 소식을 듣고 아들이 병원비는 어떻게 하느냐고 전화로 걱정하기에 "무슨 그런 소리를 하고 그래. 엄마아빠가 다 알아서 할 테니까 너는 아무 걱정하지 마라"라고 했다. 그런데 말 그대로 아들은 엄마가 병원에 있는 동안 잠깐 얼굴 한 번 비춘 이후 나 몰라라 하더란다.

그리고 얼마 후 아들이 찾아와 "어머니, 곧 있으면 이 사람이 출산하고 복직해야 하는데 제가 있는 곳이 워낙 시골이라 그곳에서는 도저히 출퇴근할 수 없을 것 같아요. 이 사람이 어머니 집에서 같이 살고, 출근하면 애기를 좀 돌봐주시면 안 될까요?"라고 했단다. 큰 수술은 아니었지만 그래도 암 환자인 시어머니가 며느리 밥을 해주고 손자까지 돌보게 된 것이다.

두 아들을 둔 퇴직한 아버지가 자신의 고민을 얘기했다. "내 아내랑 자식 때문에 요즘 고민이 많아. 정말 어떻게 하면 좋을지 모르겠어. 나만 외계에서 온 사람 같은 심정이야."

내용인즉 큰아들이 고시에 합격해서, 미국에서 유학하고 있던 며느리가 공부를 포기하고 귀국해 결혼했다. 며느리가 처음에는 전업주부로 지내겠다고 해서 그런 줄 알고 있었는데 손자를 낳고 바로 시부모님을 찾아와 학교에 다니게 되었다고 통보했다고 했다.

그것도 최소한 8년 정도가 걸리는 의학전문대학원이었다. 그 얘기를 듣는 순간 두 부부는 며느리에게 '결혼 후에 전업주부로 지내겠다고 했던 그 약속은 어떻게 되었냐?'고 묻고 싶었지만 차마 그렇게 묻지 못하고 "그래, 네 남편은 뭐라고 하든? 둘이 합의된 거니?"라며 소극적으로 물어볼 수밖에 없었다.

그리고 등록금은 당연히 자기들이 알아서 하겠거니 했는데 부인이 가만히 있지를 못하고 "여보, 며느리가 공부한다는데 어떻게 시아버지가 모른 척할 수 있어요? 그냥 있으면 안 돼요"라고 하더란다. 그래서 어떻게하면 되느냐고 했더니 "아무리 그래도 축하 기념으로 입학금 정도는 대줘야 하지 않겠어요?"라고 해서 첫 학기 등록금을 대주기로 했다.

"그럼 얼마 정도 들 것 같소?"라고 물었더니 아무렇지도 않게 "거의 1,000만 원 정도 한다네요"라고 부인이 답했다.

"뭐? 1,000만원!" 이라고 놀라자 이상하다는 얼굴로 쳐다보던 부인은 "왜 그리 놀라요? 보통 그 정도 해요."라고 답했다는 것이었다. 그는 큰 금액에 놀랐고, 당연하다는 듯 말하는 부인의 반응에 또 한 번 놀랐다고 했다.

직장을 다니던 둘째가 결혼하고 얼마 되지 않아 대기업 임원이 었던 아버지가 퇴직하게 되었다. 그동안 회사로부터 받았던 모든 카드와 회원권을 반납했다. 수입은 아직 퇴임 임원에 대한 고문직

기간이어서 일정 부분은 지급되었지만, 현직에 있을 때와 비교해서는 현저히 줄어들었다. 이렇게 직장에서의 퇴직 충격을 감당하기에도 벅찬 상태인 그에게 또 하나의 결정타가 날아왔다.

며느리 둘을 보고 나서 퇴직 후 맞게 되는 첫 번째 설날 세뱃돈이 문제였다. 집 근처에 살고 있던 두 아들 내외가 세배하면 세뱃돈을 어떻게 할 것인가가 문제였다. 남편은 "나도 이제 퇴직했고 걔들도 결혼하고 경제 활동을 하고 있으니까 당연히 자기 부모한테 용돈을 줘야지"라고 했다. 반면에 부인은 "그 나이에 월급이 얼마나 된다고 용돈을 바라나요? 우리가 줘야지요"라고 한 것이다.

그래서 남편이 "그럼 얼마나 주면 될까?"라고 했더니 부인은 "첫 세배인데 100만 원씩은 줘야 하지 않겠어요?"라고 답했다. "한 집 당 100만 원 말이오? 아니면 인 당 100만 원 말이오?"라고 재차 물으니 "당연히 인 당 100만 원이지요"라고 해서 400만 원이 세뱃돈으로 지출되었다.

하도 어이가 없고 답답해서 비슷한 처지에 있는 다른 친구들에게 하소연 했더니 대부분이 "그런 상황이라면 자식들이 용돈을 주는 것이 맞지"라고 했다. 이에 용기를 얻은 아버지는 집에 가서 부인에게 그 사실을 말했다가 다시 한 번 충격적인 말을 듣고 말았다. 부인도 하도 남편이 답답해서 헬스클럽에서 다른 부인들에게 얘기했더니 "당연히 자식들에게 베풀어야지. 자식들이 무슨 돈이 있다고"라고 하더라며 남편의 말을 반박했다고 한다.

또 다른 문제는 경제권에 대한 것이다. 첫째 아이가 결혼하고 차가 없어서 자신이 타던 차를 주었다고 한다. 그런데 명의 이전을 하려니까 등록세와 기타 복잡한 몇 가지 절차들이 따랐다. 그래서 부인은 "그냥 명의는 당신으로 하고, 쟤들 타도록 그냥 둬요"라고 했다. 너무 따지는 것도 쩨쩨한 것 같아 그러라고 했는데 문제는 그 다음이었다.

"보험료와 자동차세도 내가 내주고, 가끔 범칙금통지서까지 날아오면 그것도 내가 내고. 이게 말이 돼? 더 갑갑한 건 말야. 전에 아들녀석이 인터넷서점에서 책을 구매한다고 해서 카드 번호를 알려주었는데 아직도 비싼 외국 서적 같은 걸 사면 그 청구서가 나한테 날아온다니까! 카드 해지하자니 속 보여서 차마 그러진 못하겠고 정말 짜증 나 죽겠어"라고 하소연했다.

위의 사례들처럼 결혼한 아들과 며느리에 대한 우리의 사고는 과거와는 많이 달라졌다. 그런데 문제가 되는 것은 부부가 서로 자녀에 대한 생각이 일치하지 않는다는 점이다. 오래 사는 위험에 대비하기 위해 정해진 자원을 효과적으로 활용하는 데에 가장 큰 장애요소일 수 있는 자녀들과의 재무 관계는 부부 모두의 냉정한 판단으로 정확히 결정해야 한다.

신문사에서 인터뷰 요청이 왔다. "40대 가장이 좀 더 큰 집으로 옮기고 자녀들 교육을 해결하며 자신들의 노후를 준비할 수 있는 방법을 말씀해주시면 됩니다"라는 내용이었다. 하지만 이에 대한 나의 대답은 이랬다.

"그런 방법이 있으면 저한테 좀 알려 주시겠습니까?"

현실적으로 생각해보자. 어떻게 하면 한정된 자원으로 이 세 가지를 다 해결할 수 있을까? 내가 제시한 대안은 선택과 집중이었다. "자녀 교육을 선택했다면 노후준비를 포기하고 오래 일해야 할 것이며, 안락한 노후를 선택한다면 자녀들에 대한 지원에 한계를 그어야 합니다"라고 했다. 그랬더니 신문사에서는 "그게 머리로는 이해가 되지만 실천하기는 어렵더라고요. 실제로 가능합니까?"라고 내게 되물었다.

나는 아들이 대학원에 입학할 때 "나는 더는 네게 투자할 돈이 없다. 이제부터는 취업하던지 대학원에 간다면 학자금대출을 받아서 다니든지 해라"라고 명확하게 학비를 지원해줄 수 없다고 말했다. 아들은 4학기 동안 학자금 대출을 받아 학교에 다녔고, 졸업하고 취직해서는 2년간 매월 대출금을 상환하고 있다.

내가 아는 어떤 부자는 자식들에게 대학 이후의 자금을 마치 마이너스 통장처럼 일정액으로 정해 놓고 결혼비용을 포함해서 그 금액 이상은 지출할 수 없다고 선을 그은 경우도 있다. 또는 자녀들이 스스로 결혼자금을 준비한 금액만큼만 지원해 주겠다고 한 경우도 있다.

자녀들에게 많은 것을 물려주고 싶은 것은 부모들의 당연한 마음이다. 하지만 과연 어려움을 모를 만큼 무작정 베푸는 것이 능사인지는 곰곰이 생각해봐야 한다. 과거의 훌륭한 부모는 자식을 성공하게 한 부모였지만 미래의 좋은 부모는 자녀들에게 짐이 되지 않는 떳떳한 부모가 돼야 한다는 것을 다시 한 번 마음에 새겨야 한다.

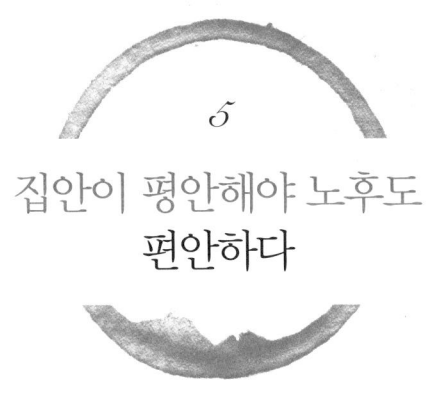

5
집안이 평안해야 노후도 편안하다

은퇴는 일을 위한 삶을 멈추고,
살기 위한 일을 시작하는 때이다.
– 무명의 현자

　　　　　　　　　　　가족을 위해 열심히 일하지만
그 일만 열심히 하면 모든 것이 해결될 줄 알고 있던 많은 가장이
가정이 원만하지 못해 큰 낭패를 보기도 한다.

　공자님 말씀 중 '수신제가 치국평천하(修身齊家治國平天下)'는 2000
년 전 이야기이지만 지금의 시대를 관통하는 명언이기도 하다. 이
책 서두에서 행복한 인생의 모습이라고 전제했던 매조도의 모습
은 이런 평안한 가족을 만들지 못하고는 이룰 수 없는 것들이기
때문이다.

　그 친구를 만난 것은 충청남도 태안에 있는 천리포 수목원에서
목련 꽃을 촬영하던 중이었다. 현존하는 목련의 거의 모든 수종이

다 심어져 있다는 그곳에서 그날 우연히 그 친구를 만났다.

편안한 복장으로 출사 차림의 나와는 달리 그 친구는 식물원 관람과는 어울리지 않는 양복 정장 차림이었다. "그런 차림으로 여기 웬일이냐?"고 물었더니 "어제 이곳에서 직원들 엠티(MT)가 있었는데 마무리 일정으로 식물원을 관람하는 중이지"라고 했다.

졸업 후 같은 업종에 취업해서 조찬모임이나 광화문 근처 회식 장소에서 종종 만나고 안부를 알고 있었던 친구였다. 그즈음에 처음 다니던 직장에서는 그만둔 상태라는 것을 알고 있었다. 그래서 "새로 합류한 회사는 어떤 회사냐?"고 물었더니 "보험 판매대리점이야. 구직하다가 마침 입사하라는 연락이 와서 엠티까지 왔는데 별로 탐탁지 않네" 라고 답했고 서울에서 만나기로 하고 헤어졌다.

그동안 직간접으로 그의 근황을 알고는 있었지만, 그 과정을 진행하는 동안 짬짬이 많은 대화를 나누면서 그의 지나온 시절과 처해 있는 상황에 대해 정확히 본인을 통해 듣게 되었다. 실상은 차마 말로 표현할 수 없을 만큼 암울한 것이었다.

그 친구는 대학 졸업 후 장교로 임관했고 대기업에 들어갔다. 그 회사에서는 인정받아 기조실에서 오너를 모셨고 임원으로 퇴직 후 중소기업에서 임원으로 근무했다. 하지만 그 기간은 짧았고 그 후 2~3년 동안 몇 군데의 중소기업체에서 임원으로 근무했다. 마지막에는 콜센터를 관리하는 회사의 임원으로 들어갔지만 오너와 갈등이 생겨 퇴직금도 받지 못하고 회사를 그만두었다. 그러다 한 보험대리점에서 취업의뢰를 받게 되어 입사를 전제로 한 직원 엠티에 갔다가 나를 만난 것이었다.

그 시점 친구의 가정은 참 힘든 상태였다. 대학에서 강의를 하던 부인과 딸, 아들을 두고 있었는데 부인이 사이비 종교에 빠지면서 가족에게 위기가 찾아왔다. 부인의 수입은 물론 자신의 급여까지 거의 모든 돈을 그 집단에 갖다 바치고 머리맡에 우상의 사진을 두고 일상을 온통 기도로 지내며 가사는 일절 돌보지 않는다는 것이었다. 물론 다니던 직장도 그만두었다. 딸은 미국유학 중이었고 늦게 둔 아들은 중학생이었는데 유학 중인 딸은 성격과 성적이 모두 좋았지만, 엄마의 관심을 벗어난 아들이 문제였다.

창업과정 연수 중에도 친구는 두어 번 조퇴했는데 한 번은 아들 학교에서 연락이 와서였고 또 한 번은 아들 친구와의 통화 후였다. 첫 번째 학교와의 통화는 아들 담임 선생님의 면담 요청 때문이었다. 더 결석하면 이제는 제적시킬 수밖에 없다는 최종 통보였고, 담임과의 면담 며칠 후 아들 친구와의 통화로 그날 아들이 학교에 오지 않았다는 사실을 알게 되었다.

아침에 분명히 학교에 간다고 엄마를 대신해서 친구가 챙겨주고 나왔는데 학교에 오지 않았다는 것을 보니까 아마도 아들이 여자 친구와 함께 집에 있을 것이라며 빨리 집에 가서 확인해 보고 조처를 해야겠다며 집으로 갔다. 한번은 친구가 아들에게서 온 문자를 보여 주었는데 거기에는 온통 은어와 욕설로 선생님들에 대한 불만이 가득 차 있었다.

그 친구는 경제적인 면에서도 문제가 심각했다. 부인과 자신의 소득으로 중산층 이상이었던 몇 년 전에 비해 본인도 직장을 그만두었고 부인이 그동안 모아놓았던 것 모두를 사이비 종교집단에 갖다 주었고 수입활동을 중단했다. 유학 간 딸 학비와 생활비를 충당하기 위해, 잘 알고 있었던 후배가 투자하면 적당한 수익을 보장해 주겠다는 유혹에 넘어가 아파트를 담보로 대출받아 큰 금액을 투자했지만 몇 달간 이자가 들어오다가 후배가 잠적해 버렸다는 것이다. 이제는 대출이자도 갚을 능력이 없어 집이 경매처분될 지경에 처했고 이외에도 여러 가지 좋지 않은 상황 때문에 매일 아침 일어나면서 자살을 생각하고 있었다.

"최고는 아니었지만 잘나갈 땐 적어도 남부럽지 않게 지냈지. 하지만 지금은 아무런 희망도 비전도 보이지 않아. 그저 멍할 뿐이야. 어디에서 무엇부터 잘못된 것인지 알고 싶어. 만약에 돌아가서 그것을 돌이킬 수만 있다면 무엇이든지 다할 수 있을 텐데…. 그나마 유학 중인 딸이 나를 지탱해주는 유일한 끈이야."

이후 그 친구를 종종 만나기는 했지만 상황은 더 나아 보이지 않았다.

비슷한 처지에 있는 또 한 명의 선배가 있다. 그가 회사를 다니는 동안 부인이 사이비 종교에 빠졌다. 아들 하나와 셋이 사는 가족이었는데 선배 부인은 정말 집안에 돈이 될 만한 모든 것들은 다 종교 집단에 갖다 주었고 가족과는 아예 대화가 되지 않는 상태였다. 명문대를 나와서 회사에서도 요직에 있었던 선배는 집보다는 자신의 취미 활동에 더 집중했다고 한다. 부인에게 무심한 사이 부인이 그런 상태에 빠져 버린 것이다.

나보다 그 선배와 더 친하게 지내던 다른 이를 통해 간간이 이런 그 집안의 상황은 듣고 있었다. 하지만 그 선배와 직접 운동하러 다니면서 들어보니 실제 상황은 훨씬 심각했다. 선배는 회사 생활에서도 좋은 평가를 받지 못하고 50대 초반에 명예퇴직하게 되었다. 선배는 지금 근근이 아르바이트를 하며 아들과 같이 지내고 있다.

한 친구는 정년퇴직을 앞두고 부인이 평소 하고 싶어 하던 식당을 개업했다. 권리금이 없다는 이유로 중심상권에서는 불과 한 블록 정도 떨어진 약간 외진 곳에 문을 열었다. 처음에는 일하는 사람들을 두고 부인이 직접 운영하겠다고 했다. 하지만 얼마 가지 않아 식자재를 공급하던 업체의 횡포에 휘둘리게 되었고 식당의 전부라 할 수 있는 음식 맛을 책임지겠다며 성공을 자신하던 주방장과 홀서빙하는 종업원들과의 갈등도 깊어졌다. 결국은 처음 시작할 때 채용했던 주방장보다는 훨씬 실력이 좋지 못한 주방장으로 교체했고 홀서빙 인원들도 다 내보내고 처제와 같이 운영하는 가족 중심의 식당으로 개편하게 되었다.

친구의 부인은 중심상권에서 불과 건널목 하나 정도 벗어난 것이 그렇게 매출에 심각한 영향을 미칠 것이라고는 생각지 못했다고 했다. 부진한 매출을 극복하기 위해 원가 절감의 필요성과 함께 초기 생각했던 것보다 훨씬 많은 운영자금이 필요했고 퇴직을 몇 달 앞둔 친구가 직접 원산지에 가서 재료를 구매해 공급하는 방식으로 운영하기로 했다. 친구도 사업에 개입할 수밖에 없게 된 것이다. 퇴직한 친구는 지금 식당에서 많은 일을 감당하며 자기가 생각지도, 경험하지도 못했던 절박감으로 하루하루 보내고 있다.

최근 방송에서 소개한 사연이다. 20여 년 경력의 어느 경찰관이 갑자기 조기 퇴직을 결정하고 퇴직금을 받았다. 부인이 식당을 하면서 진 큰 빚을 갚기 위해서였다. 그것으로도 부족해 집도 차도 내다 팔고 오갈 데 없는 딱한 처지가 되고 말았다. 그만 삶을 포기하고 싶어 극단적인 선택을 매일매일 고민했다는 슬픈 내용이었다.

이런 극단적인 상황을 피하기 위해서는 평소에도 가족 간에 대화가 매우 중요하다. 중요한 의사 결정들을 상대방에게만 맡기고 내버려 두었다가 문제가 생기면 일방적으로 비난하고 책임을 회피하면 안된다. 가사에 관한 작은 의사 결정이라도 같이 참여하고 관심을 갖는 것이 필요하다.

대부분의 사람들이 오십 세 이전의 삶을 잘 유지하기 위해서 직장에서는 최선을 다하지만 가족구성원들과의 화합에 대해 상대적으로 그 중요성을 인식하지 못하는 경우가 많다. 이런 결과로 자신만의 삶을 살다 가장 소중한 사회적 관계인 가정이 파탄나는 일들이 비일비재하다. 젊을 때만큼 중요한 후반부의 삶을 위해서는 그 이전의 생활에서 가족 간 불협화음은 없는지, 정상궤도에서 이탈하지는 않았는지 세심하게 살피고 관리하는 것이 무엇보다 중요하다.

가족 구성원 간에 비밀이 없어야 한다고 하지만 부부나 부모자식 간에도 프라이버시는 있을 수 있다. 하지만 관계에 위협이 될 만한 결정적인 위험들은 만들지 않아야 한다. 만약 비밀이 있다면 가능한 한 빨리 공유해서 문제가 커지기 전에 해결하려고 노력해야 한다. 행복의 기본단위 조직이자 필수단위 조직인 가족을 유지하기 위해 반드시 명심해야 한다.

제5장

—

어떻게
행복하게
살 것인가?

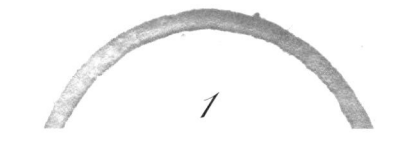

1
두 가지 길 중 당신은
어떤 것을 선택하겠는가?

사람의 나이는
본인의 마음 먹기에 달려있다.
– 과테말라 속담

　　　　　　　　몇 년 전 부모님을 모시고 중국
여행을 갔다. 북경 일대를 투어로 다니는 단체관광이었다.

　그동안 부모님과 함께 여행하고 싶었지만 두 분만 가는 해외여
행은 경비나 보조하는 정도로 끝낸 경우가 전부였고 우리 부부가
부모님을 모시고 해외에 간 것은 처음이었다.

　마침 어머님의 칠순도 되어서 겸사겸사 떠난 여행이었다. 고향
인 산정호수에서 민박을 운영하고 계시던 부모님은 처음에는 돈
만 많이 들어가는 해외여행은 무슨 여행이냐며 안 가신다고 하시
다가 여권을 만들고 출발 전날 우리 부부가 사는 서울에서 하루를
주무시고 여행을 떠났다.

천안문과 자금성에 넘쳐나던 사람들을 보고 놀라워하셨고 이화원의 인공 저수지에서 그 크기와 용경협의 하늘에 매달려 줄 자전거를 타는 묘기에 감탄하셨다. 두 분이 다정히 인력거를 타시고 데이트를 즐기셨다. 예술거리인 798거리에서는 노천카페에서 맥주를 마시면서 흡족해하시던 부모님은 올림픽공원에서는 다정하게 사진포즈도 취하곤 하셨다.

마지막 날 우리는 만리장성에 갔다. 북경에서 60킬로미터 정도 떨어진 곳에 있는 만리장성의 일부였던 거용관에 도착해서 만리장성 계단을 올라가기 시작했다.

아버님은 중간에 세워져 있던 사진 촬영용 중국 무기들을 들고 사진을 몇 장 찍고는 "여기서부터는 힘들어서 더는 못 올라가겠네. 구경들 다녀와"라고 하셨다. 수술 후 건강상 무리가 있어 보여 그러시라고 했다.

어머니와 아내와 나는 중간중간에 사진도 찍으면서 첫 번째 돈대에 도착했다. 그런데 갑자기 아내가 "다리도 아픈데 나는 이제 그만 내려갈게요"라며 주저앉았다. 장성의 처음 시작 부분은 폭도 넓고 경사도 평탄했지만, 중간부터 가끔은 한 사람만 겨우 오르내릴 수 있도록 좁고 급경사로 이루어진 곳들이 나타나기 시작했다. 그러자 평소 등산을 많이 하지 않던 아내는 갑자기 "더는 안되겠어요. 이제는 온몸이 다 아프네"라고 했다. 아내는 그곳에서 혼자 차로 내려가서 기다리기로 하고 올라왔던 길을 돌아서 내려가기 시작했다. 그런데 어머님은 정상에 있는 돈대를 보고 "여기까지 왔는데 어떻게 저기 가보지도 않고 내려가려고 하니? 나 혼자라도 올라갔다 올게"라는 것이었다. 정상은 첫 번째 돈대에서 올라온 만큼 다시 올라가야 하는 곳이었다. 그래서 나도 어쩔 수 없이 어머님을 따라 정상의 돈대까지 올라갈 수밖에 없었다.

정상에 올라가 보니 전경이 아주 좋았다. 비록 힘이 들긴 했지만 정상이 아니면 볼 수 없는 거용관의 전체 전경과 건너편 능선의 만리장성이 뚜렷하게 보였다.

이때 찍은 두 장의 사진은 내가 강의할 때 많이 사용하는 사진 중 하나가 되었다. 바로 '돈대에서 돌아서서 계단을 내려가고 있는 아내의 뒷모습'과 '같은 장소에서 반대편인 정상을 향해 걸음을 옮기는 어머니'의 사진이다.

퇴직 혹은 은퇴라는 사건을 맞이할 때 우리의 마음가짐도 이 사진과 같다. 돌아서 내려가는 사진은 '이제 올라갈 만큼 올라왔으니까 이제는 돌아서 내려가야 한다'고 생각하는 경우다. 마음에 여유가 느껴질 수도 있겠지만, 왠지 은퇴 생활을 시작하기도 전에 힘이 빠지는 느낌도 든다.

다른 하나는 '여기까지 왔는데 어떻게 정상까지 가지 않고 돌아가느냐고 생각하고 정상까지 올라가겠다'고 다짐하는 것이다. '비록 다니던 직장에서는 정년이 되어 퇴직하지만 인생의 목적지에는 아직 도달하지 못했다. 그래서 지금부터라도 남은 인생을 인생 목적지를 향해 계속 전진해야 한다'고 생각하는 것이다. 당신이라면 어떤 길을 선택하겠는가? 선택은 각자의 몫이다.

남과 비교하면 행복도 줄어든다

자신 스스로 행복하다고 생각하지 않는 사람 중
행복한 사람은 없다.
– 퍼블릴리어스 사이러스

하이든과 교류하며 베토벤, 슈베르트, 리스트 등이 어렸을 때 이들을 지도했고 빈 궁전의 궁정 음악가로 생을 마친 사람이 있다. 이탈리아 음악가 안토니오 살리에리(Antonio Sarieri)이다. 〈아마데우스〉라는 영화를 보면 그 사람의 인생은 행복하지 못했을 듯하다. 바로 천재음악가 볼프강 아마데우스 모차르트 때문이다.

모차르트는 하이든과 더불어 18세기 빈 고전주의 악파의 대표적인 인물이며, 오페라, 실내악, 교향곡, 피아노 협주곡 등 여러 양식에 걸쳐 방대한 작품을 남겨 전시대를 통틀어 음악의 천재 중 한 사람으로 알려져 있다.

모차르트는 오페라 약 27곡, 교향곡 약 67곡, 행진곡 약 31곡, 관현악용 무곡 약 45곡, 피아노 협주곡 약 42곡, 바이올린 협주곡 약 12곡 등 다양한 장르를 아우르며 600여 곡을 작곡했다.

모차르트는 어렸을 때부터 음악적 재능을 보이기 시작했다. 아버지 레오폴트는 당시 유럽에서 가장 유명한 음악 교육자 중 한 사람으로, 잘츠부르크 대주교의 궁정 오케스트라의 음악감독이었다. 세 살 때부터 모차르트는 누나를 보고 건반을 다루고 연주하는 법을 터득했다. 레오폴트는 아들의 음악적 재능이 뚜렷이 빛을 발하게 되면서 작곡을 그만두었고 모차르트에게 피아노와 바이올린을 가르쳤다. 어린 모차르트는 네 살때 여러 곡을 배웠다고 한다. 그의 음악적 능력은 빠르게 발달해, 다섯 살때 이미 작곡을 하기 시작했다.

영화 속에서 살리에리는 우연한 기회에 모차르트의 공연을 보고는 그의 천재성에 감탄한다. 그러나 모차르트가 오만하고 방탕한 생활을 거듭하자 그에게 천재성을 부여한 신을 저주하고 그를 증오하기 시작한다. 그럴 즈음 빈곤과 병마로 시달리던 모차르트는 자신이 존경하던 아버지의 죽음에 커다란 충격을 받고 자책감에 시달린다. 이를 본 살리에리는 이것을 이용해 모차르트에게 진혼곡의 작곡을 부탁한다. 하지만 심리적 압박에 못이겨 모차르트는 죽게 되고 살리에리 역시 파국적 결과를 맞이하게 된다.

여기에서 '살리에리 증후군'이라는 말이 만들어졌다. 천재 모차르트에게 열등감을 느껴 좌절했던 당대의 음악가 살리에리를 빗 댄 것으로 '아무리 노력해도 천부적 재능을 타고난 일인자의 벽을 넘지 못하는 상태'를 말한다.

삶에서 목표를 달성하기 위해 멋진 롤 모델을 만드는 것은 좋은 방법이다. 롤 모델을 만들고 그와 같은 성과를 내기 위해 노력하 다 보면 어느 순간 그를 뛰어넘을 수 있는 상태에 도달하게 될 수 도 있다. 그런데 이러한 롤 모델이 잘못 설정되면 자기 삶의 가치 가 하락할 수도 있다.

행복론에서 앨버트 엘리스(Albert Ellis)의 비교이론이 있다. 행복 과 불행은 우리의 삶에서 일어나는 사건들보다 그에 대한 인지적 해석에 달려있다는 주장이다. 이 이론에 의하면, 인간은 자신의 상태를 어떤 기준과 비교해 그 기준과의 긍정적 차이를 인식할 때 행복감을 느낀다. 특히 자존감은 우리가 자신에 대해서 내리는 판 단과 밀접하게 연관돼 있다. 가장 주요한 비교기준은 '다른 사람, 과거의 삶, 이상적 자기 상, 지향하는 목표'이다.

개인은 자신의 현재 상태를 이러한 기준들과 비교했을 때 우월 한 방향으로의 차이가 클수록 더 높은 행복감을 경험한다. 개인이 처해 있는 현재의 상태 그 자체보다는 현재의 상태를 평가하기 위 해 적용하는 기준의 속성이 행복에 중요하다는 것이다. 높은 기준 과의 상향적 비교를 하는 사람은 불행을 느끼기 쉽지만, 하향적 비교를 하는 사람은 행복감을 좀 더 느낄 것이다.

이처럼 우리가 자신을 평가하기 위해 선택하는 비교기준은 자존감과 행복뿐만 아니라 과거와 미래에 대한 태도에도 영향을 미치게 된다. 우리 주변에는 뛰어난 역량을 가졌으나 동시대에 같은 재능을 가진 상대의 존재로 인해 치열한 경쟁을 통해 성공하거나 아니면 일방적으로 경쟁에서 패배해 쓸쓸히 존재감이 사라져버리는 사례가 무수히 많다. 이러한 존재를 보통 '라이벌'이라고 하는데, 이 라이벌과의 관계가 자신의 행복지수를 결정하게 된다.

평가를 위해 적용하는 가장 일반적인 비교기준은 '다른 사람'이다. 이때 어떤 사람들을 비교 대상으로 하느냐에 따라 평가결과가 크게 달라진다.

일반적으로 비교 방식은 수평적 비교, 상향적 비교, 하향적 비교로 나눌 수 있는데, 류보머스키(Lyubomirsky)에 의하면 남과의 비교를 통해서 행복의 척도를 세울 경우, 행복하다고 느끼는 많은 사람들은 사회적 비교에서 자신의 행복도를 높일 수 있는 자신에게 유리한 적절한 비교방식을 융통성 있게 선택적으로 사용하는 능력이 탁월하다고 한다. 다시 말해, 결과가 좋게 나올 수 있는 적절한 비교방식을 사용한다는 것이다.

하향적 비교를 많이 할수록 행복도가 증가한다. 그러나 하향적 비교를 과도하게 적용하게 되면, 우월의식이 지나치게 되어 자기도취와 교만으로 변질될 수 있다. 이러한 우월의식과 자존감은 구별돼야 한다. 일반적으로 높은 자존감은 자기를 구성하는 요소들의 높은 일관성, 자기 정체성에 대한 명확한 인식 그리고 시간과 상황을 넘어선 자기개념의 안정성과 연관돼 있다. 이렇게 타인과 비교하는 것은 그것을 통해 자신에 대해 정확히 객관적으로 알 수 있기 때문이다.

스스로 확실한 평가를 하지 못할 때 우리는 타인에게 정보적 영향을 받는다. 이러한 평가를 통해 우리는 궁극적으로 타인과 비교한 결과가 긍정적이기를 원한다. 비교를 통해 자신의 우월함을 느끼고 싶어 한다. 따라서 자신과 비슷한 사람과 비교한다. 너무 우월한 사람과 비교하면 좌절하게 되고, 너무 열등한 사람과 비교하면 자존감을 지키는데 도움이 되지 않기 때문이다.

살리에리의 경우 너무 높은 목표를 설정한 탓에 자신의 능력에 대한 객관적인 평가를 받지 못했고 제 2인자로서 그다지 행복감을 많이 느끼지 못한 채 삶을 마치게 된 것이다.

비교 대상은 일반적으로 자신과 비슷한 사람이 된다. 그러나 좀 더 바람직한 행복감을 느끼기 위해서는 섬세함이 필요하다. 예를 들어 능력을 비교하거나 처지와 상황을 비교할 수도 있고 신념과 가치관 등을 비교할 수 있다.

자신에게 도움이 될 수 있도록 적절한 비교기준을 선택하는 것은 행복한 사람들의 지혜 중 하나이다. 우리는 현재를 과거와 비교해 긍정적인 변화를 인식할 때 행복감을 느끼게 된다.

주관적 안녕 연구에 따르면 사람들은 수입의 절대 액수보다 수입의 증가한 변화량에 더 민감하다. 즉, 과거보다 수입이 얼마나 증가했느냐가 주관적 안녕에 더 강력한 영향을 미친다. 행복에 있어서 중요한 것은 현재의 절대적 상태가 아니라 과거보다 나아졌다는 긍정적 변화 인식이다. 행복한 삶을 지속하기 위해서는 점진적인 긍정적 변화를 지속해서 인식하는 것이 필요하다. 삶 속에서 사소한 것이라도 긍정적 변화를 인식하고 그것을 소중하게 여기는 것이 행복한 삶을 살아가는 한 가지 비결이다.

행복감은 생활 속에서 즐거운 경험들을 통해 느끼게 된다. 행복한 삶을 위해서는 실패나 역경을 잘 극복하는 것도 중요하지만 성공이나 성취를 잘 즐길 수 있어야 한다. 생활 속의 스트레스를 잘 이겨내는 것도 좋지만 즐거움을 잘 음미하며 누리는 것도 중요하다.

'가던 길을 멈추고 장미 향기를 맡아 보라'라는 외국 속담이 있듯이, 행복을 위해서는 생활 속에서 만나게 되는 긍정적인 경험들을 음미하며 누리는 것이 중요하다.

행복을 느끼기 위해서는 너무 지나치지 않을 정도라면 하향식 비교를 하는 것이 좋다. 힘들 때나 즐거울 때나 낙관적인 관점에서 유머감각을 잘 활용하는 것 역시 중요하다. 그리고 다른 사람의 관심을 끌거나 인정을 받으려는 욕구로부터 자유로워지는 것이 필요하다. 현재에 주의를 집중하고 현재 경험의 긍정적인 측면에 주의를 기울이는 것이 좋다.

사진을 찍다 보면 유독 기기에 관심이 많은 이들을 본다. 이들은 남이 좋은 것을 가지고 있거나 누구에게서 좋다는 이야기를 들으면 그것을 꼭 사야만 직성이 풀린다. 그래서 흔히 좋은 카메라라고 하는 대부분의 카메라와 렌즈를 다 갖고 있다. 유명한 작가와 같은 기종을 보유하면 자신의 작품도 좋을 것이라고 기대하는 것이다.

하지만 그의 사진 작품은 투자한 만큼의 결과물로 보이지는 않는다. 남들에게 보이기 좋은 장비에 집착하는 사람은 자신을 최고의 기기를 보유해야 할 만큼 대단한 대가로 인식한다. 우선 장비부터 최고로 갖추게 되면 실력이 최고가 되고 남들도 알아 줄 것이라고 기대하며 행동한다. 하지만 결국은 그 장비 때문에 또 다른 실망을 하며 하루하루 보내기 쉽다.

그에 비해 카메라는 단지 사진을 찍기 위한 도구이고 멋진 작품은 작가의 능력이라는 믿음으로 카메라에 집착하기보다는 예술가적인 활동에 집중해서 사진 작업을 고수하는 분들도 있다. 그에게 최고의 관심은 기기보다는 이를 통해 얻어지는 결과물인 작품들이다.

사진작가는 사진을 잘 찍는 것이 중요하다. 어떤 좋은 카메라를 가졌는지 자랑하지 말고 사진 자체에서 얻어지는 황홀함을 느낄 줄 아는 게 중요한 것이다.

각자의 삶에서도 너무 이상적인 목표 때문에 주어진 현실에서의 행복을 놓치는 건 아닌지 살펴보자. 행운을 뜻하는 네 잎 클로버 하나를 찾기 위해 주변에 즐비한 행복을 의미하는 세 잎 클로버밭을 짓밟으며 방황하고 있지는 않은지 돌아볼 필요가 있다.

3

남은 내 삶의 목표는 무엇인가?

목표는 행복과 아주 밀접한 관계가 있다. 우리가 진정으로 행복하다고 느끼는 순간들은 욕망이든 동기든 간에 이루고자 했던 어떤 것을 성취해 내었을 때 얻어지는 감정과 관련이 깊기 때문이다. 그런 순간이 가장 큰 행복감을 가져다준다. 결과뿐만이 아니라 인간은 자신이 추구하는 목표를 달성하거나 목표를 향해 진전되고 있다고 믿을 때 행복감을 느낀다.

목표와 행복과의 관계를 설명한 오스틴과 밴쿠버(Austin & Vancouver)의 목표 이론에 의하면, 인간은 목표의 설정, 목표를 향한 진전감 그리고 목표의 성취를 이룰 때 행복을 느낀다고 한다.

윌슨(Wilson)은 "행복을 목표성취의 관점에서 바라봤을 때 인생에서의 목표와 성취 간의 격차가 작을수록 더 행복하다"고도 말한다. 목표 이론은 개인이 지향하는 목표의 유형과 구조 목표를 성취할 수 있는 가능성 목표를 향한 진전 속도에 의해서 행복이 결정된다고 본다. 그렇다면 우리가 쉽게 갖게 되는 목표에는 어떤 것들이 있을까?

무언가 추구하는 목표가 있다는 것은 그 자체로 행복을 증진한다. 하지만 사회적 비교를 통한 행복감은 일시적일 수 있지만, 비교를 통해 얻은 사회적 정보와 자신이 추구하는 목표와 어떤 연관성을 지니느냐가 훨씬 더 중요할 수 있다. 기대수준 자체보다는 기대수준이 얼마나 현실적이고 개인의 능력과 일치하느냐가 중요하다. 기대수준에 도달할 수 있다는 성공 가능성의 평가가 중요하다.

목표를 향해 가고 있을 때 우리는 두 가지 관점에서의 목표개념이 필요하다. 하나는 이성적인 부분이고 하나는 감성적인 부분이다. 인간은 쾌락을 추구하는 동시에 의미를 추구하는 존재이다. 인생의 의미와 가치를 발견할 수 없는 사람은 결코 행복할 수 없다. 의미 추구는 행복의 필수적 요소이다.

'행복에서 인생의 의미는 우리의 삶에는 어떤 의미와 목적이 있는가?' '무엇을 위해 어떻게 살 것인가?'

이러한 물음에 대해 어떤 대답을 할 수 있는가? 의미는 인간이 즉각적인 현실과 욕구를 초월할 수 있는 능력을 부여한다. 인간은 의미에 따라 행동하고 세상에 실질적인 변화를 만들어 낸다. 인생의 의미(Life Meaning)라는 개념은 역설적 측면을 지니고 있다. 인생은 끊임없이 변하지만, 의미는 잘 변하지 않는 것이기 때문이다.

바우마이스터(Baumeister)는 현대 사회의 네 가지 의미 추구 동기 중에서 방향성, 유능감, 자기가치감을 느낄 수 있는 원천은 풍부한 반면, 인생의 근거감을 줄 수 있는 설득력 있는 가치가 부족하다고 주장한다. 현대인들이 인생의 의미를 발견하는 데에 많은 어려움을 겪고 있는 이유는 이러한 가치 부재(Value Gap) 때문이다. 인간은 의미를 부여하고 추구하려는 욕구를 지닌다. 인간은 일관성 있는 삶을 살기 위해서 인생의 방향과 목적의식을 추구하며 가치 있는 것을 추구한다. 가치기반이란 다른 가치의 최종적 기반이 되는 가치를 말한다.

이성적인 부분이란 우리가 추구하고 있는 목표의 가치에 대한 문제이다. 인간은 자신이 가치 있는 존재이기를 원하기 때문이다. 행복은 지속해서 유입되는 정보들을 어떤 가치기준으로 평가하느냐에 의해서 결정된다. 또 각자가 특정 상황에서 어떤 선택이나 결정을 내려야 할 때 특정한 방향으로 행동하게 하는 원칙, 믿음, 신념을 의미하기도 한다.

일반적으로 목표를 향해 가는 내면적인 충동상태인 동기는 성장과정을 거치면서 인지적 요인과 결합하고 사회적 영향을 받으면서 가치로 변환된다. 가치는 동기가 사회적 영향을 받아 인지적 믿음의 형태로 변화된 것이라고 할 수 있다. 이러한 가치는 우리의 선택과 행동에 영향을 미칠 뿐만 아니라 어떤 목표를 지향하게 하는 중요한 심리적 요인이 된다.

따라서 목표에 영향을 미치는 가치는 목적이 타당하고 합리적이며 공리적이어야 한다. 목표는 누구나 만들 수 있지만, 그 추구하는 목표가 합리적이지 못하고 이기주의적이라면 만약 달성 되더라도 떳떳하지 못한 것이기 때문이다. 행복은 정보를 처리하는 능동적인 인지 과정에 의존하는데, 대부분의 경우 가장 중요한 평가요소는 중요한 목표를 향해 얼마나 진전되고 있느냐에 관한 것이다.

감성적인 부분은 목표를 수행하는 도중 얻게 되는 성취감에 대한 것들이다. 만족도를 빈도와 강도를 가지고 측정한다고 할 때 목표 수행을 통해 얻게 되는 만족도의 빈도는 될 수 있으면 자주 일어나는 것이 좋으며 그 강도도 클수록 좋다. 그러나 같은 강도의 성과가 반복적으로 일어나면 만족도에 적응하게 되어 둔감해지기 때문에 강도의 변화도 중요하다.

우리가 추구하는 인생 목표는 그 목적의 당위성과 추구과정에서 얻어지는 성과가 지속될 때 목표 달성의 추진력이 유지되고 가능성이 높아지며 행복도도 높아진다. 빈도만을 생각하면 만족도가 떨어지고 강도만을 강조하면 지속성에 문제가 될 수 있다는 사실은 복권 당첨 사례에서도 확인된다. 복권에 당첨된 사람들의 행복지수는 당첨 시점을 기준으로 급격히 증가하지만, 일정 시간이 지나면 종전의 상태와 크게 다르지 않거나 오히려 나빠지기도 한다.

한편 라자루스(Lazarus)에 의하면, 목표성취의 최종상태보다는 목표를 향해 진전되고 있는 과정이 중요하다. 높은 기대 수준과 낮은 성취상태에 있더라도 목표를 향해 적절한 진전이 있다고 느낀다면 행복감을 느끼게 된다. 행복은 사건에 대한 인지적 평가에 의해 유발된다. 평가과정을 일차적 평가와 이차적 평가로 구분하고 있다.

일차적 평가는 개인 추구하는 목표와 관련지어 사건의 의미를 평가하는 과정이고, 이차적 평가는 사건 상황에 효과적으로 대응하려는 대처방법을 평가하는 과정이다. 정서는 일차적 평가의 산물이며, 일차적 평가 과정에서 개인은 직면한 사건을 목표 관련성, 목표 합치성, 자아 관여성의 측면에서 평가한다. 목표 관련성은 특정한 사건이 내가 현재 추구하는 목표와 관련성을 지니고 있는 정도를 말한다. 목표 합치성은 사건이 목표 추구에 도움이 되는 정도를 뜻한다. 세부적인 감정은 사건이 개인의 안녕과 자존감에 어떤 영향을 미치고 있는지에 대한 평가, 다시 말해 자아 관여성의 평가에 의해 결정된다. 자존감은 이러한 인지적 평가과정을 통해 형성된다. 긍정적 자존감의 형성과 유지에는 세 가지 과정이 관여하는 것으로 여겨진다.

첫째, 자신에 대해서 정확한 평가를 하려고 노력하는 자기평가 과정이고 둘째, 현재의 자신에 대한 자기평가를 확인하려고 노력하는 자기입증 과정이며 셋째, 자신에 대해서 호의적인 평가를 하려고 노력하는 자기고양 과정이다.

행복에서 더 중요한 것은 구체적인 목표와 더불어 추상적인 장기적 목표를 함께 가지는 것이다. 추상적 목표만을 추구하는 경우는 그 달성 가능성을 확인할 수 없으며, 구체적 목표만을 추구한다면 장기적인 방향감각 없이 우왕좌왕할 수 있다. 구체적인 목표와 추상적인 목표 간의 균형을 위해서는, 추상적이며 의미 있는 장기적 목표와 더불어 직접 행동으로 연계될 수 있는 구체적인 목표를 세우는 것이 가장 좋은 방법이다.

인생에서 구체적인 목표를 만드는 것은 자신의 중요한 꿈에 대해 더욱 구체적인 내용을 얻는 데 매우 유용할 것이다. 그 방법으로 STAR(Specific, Time-bound, Actionable, Relevant)방식이 있다. 먼저 STAR 기법을 이용해 각각 꿈을 작성한다. 그리고 꿈의 우선순위를 정하고 계획을 세워본다. 마지막으로 계획대로 진행되고 있는지 진척 상황을 점검한다. 제시 예는 다음과 같다.

```
                    목표 Dream #1

(S) 목표 : 무엇을 성취하고 싶나? 구체적으로 써본다.
   – 결혼 30주년 기념으로 7일 동안 알래스카 크루즈 여행을 한다.
   – 희생할 것(교환할 것): 여름 휴가비, 골프 라운딩 비용, 외식비

(T) 언제 : 데드라인을 정한다.
   • 시작일: 2013년 봄
   • 종료일: 30주년 결혼기념일

(A) 당신이 취해야 할 구체적인 추진단계는 다음과 같다.
   • 여행사에 문의해 2명의 여행경비를 산출한다.
   • 총 소요 비용 산출 : 크루즈 비용, 준비물, 기타 비용
   • 도움을 청할 사람 : 은퇴 시기에 필요한 생활비 외에
     이 꿈을 이루는 데 필요한 비용을 전문가와 상의한다.
   • 예상 비용 : 1,200만 원 ~ 1,700만 원
   • 조달 방법 : 매월 15만 원씩 펀드에 투자한다.

(R) 이 계획은 내 삶의 방향을 유지하는 데에 어떤 관련이 있는가?
   – 배우자와의 추억은 우리의 여생 동안 삶을 더욱 더 풍요롭게
     지탱해 줄 수 있게 한다. 배우자에게 다른 그 무엇과도 바꿀 수 없는
     좋은 추억을 만들어 줄 것이다.
```

이런 방식으로 정말 하고 싶은 것들을 문서로 작성해서 될 수 있으면 자주 들여다보자. 실현을 위해 노력하면 그 달성 여부와는 별개로 중간 과정에서도 큰 행복감을 얻을 수 있을 것이다.

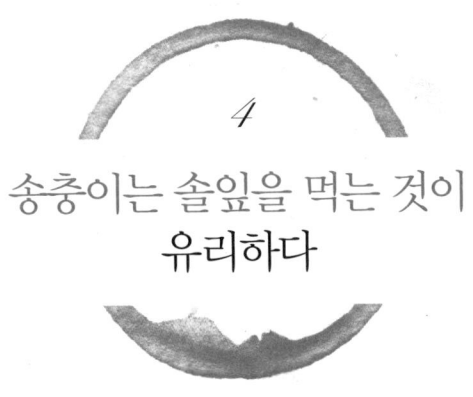

4

송충이는 솔잎을 먹는 것이
유리하다

길은 가까운 곳에 있다.
그런데 사람들은 헛되이 먼 곳을 찾고 있다.
– 맹자

　　　　　　　　　　평소 잘 알고 지내던 유명 탤런
트는 동료 후배 부부가 하는 피자점포가 성업 중이라며 다음과 같
이 말했다.

"얼마 전에 이태원에 있는 한 피자 가게를 갔어요. 그런데 그 집
피자 맛이 괜찮더라고요. 그래서 영업스타일을 살펴보니까 사장
은 보이지도 않는데 종업원들끼리 잘하고 있지 뭐예요. 그걸 보니
나도 피자집을 한번 개업해 보고 싶은 생각이 들었지요" 하면서
자신 소유의 임대 만료가 얼마 남지 않은 연립주택으로 나를 데리
고 갔다. 상권분석을 해 달라는 것이었다. 주변은 우리나라에서
가장 상권이 잘 발달한 곳으로 피자 가게를 하기에 유동인구나 고

198

객층이 잘 맞는 입지였다. 현재 연립 주택이지만 용도 변경이 가능한 곳이고 별도의 인테리어만 하면 개업하기에는 별문제가 없어 보였다. 주변을 살피고 식당에 마주 앉아 소감을 이야기한 후 그에게 몇 가지를 질문했다.

우선 "어떤 방식으로 경영할 것인가요?"라고 물었다. 직접 경영할 것인지 아니면 전문 경영인을 둘 것인지를 물어본 것이다. 예상대로 "제가 직접 하기에는 무리가 있어 사람을 두고 운영하려고 합니다"라고 답했다. 그래서 "사업 경험은 있나요?"하고 다시 물었다.

"연기 이외에는 별로 해본 일이 없습니다. 하지만 제가 가본 피자가게에도 사장 없이 잘하고 있어서 그저 적당한 사람에게 맡기면 되지 않을까라고 생각하고 있습니다"라고 답하는 게 아닌가.

다시 "그럼 이 분야를 잘 아는 믿을 만한 사람이 있나요?"를 물었다. 역시 "아니요"라고 대답했다. 그냥 아무나 사람을 쓰다가 맘에 들면 계속가고 그렇지 않으면 교체할 생각이란다. "주방장 혹은 피자를 굽는 사람은 누구로 할 것인가요?"라고 질문했더니 그것 역시도 이태원 피자가게의 프랜차이즈로 하거나 구인을 해서 할 계획이라고 했다. 더 이상은 질문할 필요도 없었다.

그래서 창업에서 성공하기 위한 몇 가지 요소에 대해 생각해 보자고 했다. 일반적으로 이런 소규모 창업에는 네 가지 요소가 중요하다. 바로 '창업주의 역량과 점포, 그리고 아이템, 마지막으로 자금에 대한 계획'이다.

우선 아이템으로 피자는 쉽게 유행을 타거나 문제가 될 것은 아니었고 특히 그 지역에서는 고객들의 취향으로 보아 괜찮아 보였다.

두 번째, 사람 문제였다. 그중에서도 주인의 역량에 관한 것들을 살펴보자고 했다. 우선 주인의 사업에 대한 이해도가 문제였고 주인의 이런 사업철학을 이해하고 뒷받침해 줄 수 있는 경영자는 누구인가 하는 것이었다. 두 가지 다 너무 역량이 부족한 상황이었다. 모든 창업이 그러하지만, 특히 소상공인 창업에서 창업자의 능력은 전지전능해야 한다. 아이템부터 입지 결정과 자금동원 모두가 창업자의 의사 결정 판단력과 능력에 달려있기 때문이다.

방송과 관련된 업종에 종사하는 많은 이들이 창업과 관련된 상담을 요청한다. 대부분의 사연을 보면 정말 안타까운 것이 앞뒤 생각 없이 절박함으로 시작하는 경우가 너무 많다는 점이다. 나름대로 성공하는 사연들도 있지만 실패하는 경우가 훨씬 더 많다. 성공하는 사례들은 앞서 말한 창업의 네 가지 원칙이 조화롭게 이루어진 반면, 실패사례들은 누가 들어도 실패할 수밖에 없는 상황인 경우가 대부분이다. 하지만 성공사례라고 해서 위의 네 가지 요건들 중 모두를 충족한 경우는 드물다. 그중 한두 가지가 탁월하게 좋은 상황에서 성공하는 경우가 많다.

그런데 실패사례는 네 가지 모두 부족한 경우도 있지만, 그중에서도 가장 문제가 되는 것이 '경영자의 능력 부족'이다. 경험이나 실력도 문제지만 경영자의 판단착오가 제일 크다. 본인만 빼고 누가 봐도 문제인 것을 인지조차 못 하는 경우가 참 많다. 그저 남의 이야기만 듣고 시작하거나 충분한 검토 없이 닥치는 대로 시작하기 때문이다.

성공창업의 필수 조건 중 하나는 창업자가 평소 잘 알고 있었던 분야에서 시작하는 것이다. 보험회사에서 명퇴한 대부분의 선후배 중 그나마 퇴직 후 모임에도 얼굴을 보이고 생활을 유지하고 있는 이들은 대리점을 운영하고 있다. 한 후배는 퇴직 후 처음 생명보험 대리점을 시작했지만 상대적으로 마케팅 능력이 많이 필요하지 않은 손해보험 분야를 겸업하면서 생명보험의 다양한 기법들을 접목하여 큰 성공을 이루었다.

대기업 출신 중 퇴직 후 관계 회사의 대리점을 운영하고 있는 경우들을 비슷한 사례로 볼 수 있다. 한 친구는 보험회사에서 임원으로 퇴직했지만 사실 보험대리점을 한다는 것이 내키지 않았다. 회사에서 적정 인원을 보내 주면서 대리점을 허용하는 경우도 있지만 대부분이 자신이 있던 조직에서 인원을 데리고 나와서 영업하는 것이 일반적이다. 그런데 이 인원들을 데려오는 것이 쉬운 일이 아니었다.

우선 자신이 근무하던 곳에서 재직 중인 사람들을 데려와야 하는데 그렇게 되면 자신의 후임으로 오는 사람들과 갈등을 피할 수 없고 그런 상황이 싫어서 차라리 다른 업종을 하겠다고 퇴직 후 6개월 동안 부동산 관련 과정에서 공부도 하고 준비를 해서 부동산 중개소를 열었다.

초기에는 회사에 다니는 동안 익힌 다양한 기법을 활용해서 나름대로 수입을 올리고 있었지만 단순한 중개만으로는 수입에 한계가 있어 부동산 개발업에 진출했다. 개발 정보를 미리 얻어 직접 투자를 하거나 투자자에게 정보를 되파는 방식으로 사무실을 운영했다. 하지만 성공확률이 낮았고 결국은 용산 개발 사업에서 큰 낭패를 보고 말았다.

개발이 지연되거나 불확실한 정보 때문에 많은 돈이 묶이고 사업 초기에 조금 벌어 놓았던 돈까지 다 날렸다. 그러던 중 화장품 대리점 영업권을 인수받았다. 업종은 달랐지만, 과거 무형상품을 판매하던 방문판매의 최고의 비즈니스모델이라고 하는 보험영업에 비해서는 수월했다. 우선 보험과는 달리 눈에 보이는 제품을 판매하였고 교육시스템이나 기존 고객관리가 수월했다. 그러다 보니 화장품 대리점을 운영하는 것에 큰 어려움이 없었다.

한 친구는 IMF 때 문을 닫게 된 자기가 다니던 회사를 친구와 같이 인수해서 성공했다. 다른 한 친구는 울타리를 만드는 철망

제조업체를 운영하고 있다. 그 친구는 은행을 다니다 부부가 같이 명예퇴직했다. 평소 거래처였던 회사를 인수해서 시작했지만, 밖에서 보던 것과는 너무나 달랐다. 우선 실무적으로 제품에 대한 이해도가 낮아 직원들과의 관계도 문제였고 거래처에서도 인정을 받을 수가 없어 정말 힘들게 사업체를 운영할 수밖에 없었다.

다행히 퇴직 후 같이 출근해서 업무를 도와주던 아내가 거래처 업무를 맡았고 자신은 새로운 제품개발에 집중했다. 사업체 인수 후 3년 정도가 지나고부터는 조금씩 자리를 잡기 시작했고 지금은 강원도 지역 동종 업계에서는 선두를 지킬 만큼 안정적인 사업체를 운영하고 있다.

이처럼 같은 업종에서의 창업이 어렵다면 유사한 업종이라도 진출하는 것이 창업에는 도움이 된다. 신규 업종을 한다면 많은 준비를 하거나 아니면 그 업종에서 어느 정도의 수련과정을 거쳐 창업하는 것이 바람직하다. 그렇지 못한 경우에는 많은 시행착오를 거쳐야 하며 적어도 이런 과정을 극복할 수 있는 경제적, 정신적 여유가 있어야 한다.

표정이 행복을 좌우한다

> 행복의 원리는 간단하다. 불만에 자기가 속지 않으면 된다.
> 어떤 불만 때문에 자기를 학대하지 않으면 인생은 즐거울 것이다.
> — 러셀

표정에 대해 연구했던 미국의 인류학자 폴 에크만(Paul Ekman)은 사람이 환한 표정으로 유쾌하게 웃는 웃음을 '뒤센의 미소(Duchenne Smile)'라고 불렀다. 뒤센은 인체의 근육을 지도화해 사람이 웃을 때 광대뼈와 눈꼬리 근처에 사람의 표정을 결정짓는 근육이 있다는 것을 발견해 낸 프랑스의 신경학자이다. 에크만이 그의 이름을 따서 뒤센의 미소라는 이름을 붙인 것이다.

에크만의 연구에 의하면 인간의 얼굴에 있는 42개의 근육이 표정을 만들어 낸다. 이 표정 중에는 서로 다른 열아홉 가지 미소가 있다고 한다. 그중에서 열여덟 가지는 인위적인 것이며 진짜 미소는 한 가지밖에 없다고 한다. 입술이 위로 당겨질 뿐 아니라 두 눈이 약간 안쪽으로 모이면서 눈가에 주름이 나타나고 두 뺨의 상반부가 들려지고 눈가의 괄약근이라 불리는 안륜근이 수축해야 진짜 유쾌한 미소라는 것이다.

하커와 켈트너(Harker & Keltner)는 캘리포니아 오클랜드의 여자대학인 밀스 칼리지(Mills College)에서 1958년과 1960년 졸업생의 사진을 30년간 자세히 추적하여 연구조사를 했다. 우선 졸업앨범 속 앳된 여학생들은 3명을 제외한 전원이 미소를 짓고 있었지만 모두 각기 다른 모습의 미소를 보이고 있었다.

이 사진의 표정을 전문가들에게 정밀 분석을 의뢰했다. 분석의 대상이 된 사진 중에서 50명의 졸업생은 뒤센의 미소를 짓고 있었다. 나머지는 카메라를 보며 인위적인 미소를 지어 보였다. 이 졸업 앨범 사진의 주인공들이 각각 27세, 43세, 52세가 되는 해에 연구자들은 인터뷰를 통해 그들의 삶의 다양한 측면에 대한 자료를 수집해 비교했다.

연구결과, 사진에서 긍정 정서(행복)를 많이 나타낸 여성일수록 중년에 이르면서도 더 만족스러운 결혼 생활을 하고 있었다. 환한 긍정적 미소를 지었던 뒤센 미소 집단은 인위적 미소 집단에 비해 훨씬 더 건강했으며 병원에 간 횟수도 적었고 생존율도 높았다. 결혼 생활에 대해서도 더 높은 만족도를 보였으며, 이혼율도 더 낮았다. 평균 소득수준 역시 뒤셴 미소 집단이 더 높았다. 같은 해에 같은 대학을 졸업한 여대생 중에서 뒤셴의 미소를 짓는 여성들이 훗날 훨씬 행복한 삶을 살고 있음이 밝혀진 것이다.

일반적으로 사람을 돕는 것과 관련된 목표를 추구하는 사람들이 물질적 성공, 신체적 매력, 사회적 명성을 추구하는 사람들보다 행복 수준이 더 높다. 그 이유는 재물, 미모, 지위, 명성 등의 외재적 가치보다 유대감, 친밀감, 자기수용 등 인간의 내재적 욕구를 충족시키는 목표를 달성하는 것이 더 큰 행복감을 주기 때문인 것으로 이해되고 있다.

하커와 켈트너는 통제 변인으로 매력도를 고려해서 뒤셴 미소 집단이 더 예쁘고 매력 있게 보여서 더 행복한 삶을 누리는 것은 아닐까 하는 우려도 테스트해 봤다. 그러나 사진에 나타난 여성의 매력도를 평가해 분석한 결과, 매력도는 결혼만족도와 무관한 것으로 나타났다. 신체적 매력도가 행복에 영향을 미치는지에 대한 아가일(Argyle)의 연구도 있었는데 이 연구에서도 미모는 결혼 만족도에 큰 영향을 미치지는 못했다.

예쁘냐 안 예쁘냐 하는 외모의 척도는 그 사람의 건강이나 행복한 결혼생활 혹은 소득수준과 아무런 상관이 없는 것으로 나타난 것이다. 이 연구는 젊은 날 한순간의 표정만으로도 그 사람의 인생이 얼마나 행복할지를 예측해 볼 수 있음을 알려준다.

이와 관련된 다른 연구로 대너와 스노든 그리고 프리즌(Danner, Snowdon, Friesen)은 20대 초반에 쓴 가톨릭 수녀들의 자서전이 노년기의 생존을 예측한다는 사실을 밝혀냈다. 구체적으로 살펴보면, 긍정적인 정서를 더 많이 쓴 수녀들은 그러한 내용을 쓰지 않은 수녀들보다 더 오래 살았다. 놀랍게도 긍정적 정서 표현의 하위 25퍼센트는 상위 25퍼센트에 비해 사망비율이 2.5배였다.

1917년 이전에 출생한 180명의 수녀의 글을 읽고 긍정 정서 단어를 포함하고 있는 문장과 부정 정서 단어를 포함하고 있는 문장의 수를 계산해 점수를 측정해 보았더니 1990년대에 이르기까지 이들 수녀 중 40퍼센트가 사망했다.

연구자들은 60년 전에 기록된 에세이의 정서 내용이 생존 여부와 관련되는지 조사하고 연구한 결과 긍정 정서 즉, 행복감은 장수와 관련성이 있었지만 부정 정서는 관련성을 보이지 않았다.

상위 25퍼센트의 행복했던 수녀들은 상대적으로 덜 행복했던 하위 25퍼센트의 수녀들보다 평균적으로 10년 더 살았다. 흡연 여부가 평균 수명에 7년 정도 차이를 초래한다는 점에 비춰볼 때 행복감은 수명에 더 강력한 영향을 미친다는 것을 보여준다. 행복감이 어떤 시점에서 느끼는 일시적인 상태를 넘어서 미래의 삶에도 지속해서 중대한 영향을 미칠 수 있다는 것이 피터슨(Peterson)의 견해다.

막상 은퇴를 앞두고 그들의 표정을 살펴보면 그리 밝지 않다. 과연 얼마나 많은 이들이 뒤센의 미소를 짓고 있을까?

은퇴설계를 주제로 하는 수많은 강의와 세미나, 워크숍 등에서 만난 이들의 표정은 하나 같이 어두웠다. 강의하며 항상 같은 이야기를 하게 된다. 바로 표정을 밝게 하려고 노력하라는 요청이다. 직접 말하기가 무엇해서 "오늘 이 자리에 있는 분들의 표정을 보니까 아주 보기만 해도 기분이 좋은 분들도 있고, 의도적으로 눈길을 피하고 간혹 눈이 마주쳐도 외면하는 정말 인상이 아주 안 좋은 분들은…하나도 없는데요?"라고 하면 다들 크게 한바탕 웃게 된다.

그러면서 '사십 이후에는 자신의 얼굴에 책임을 져야 한다'고 말한 링컨의 일화를 들려준다. '웃는 얼굴에 행복이 깃들고 찡그린 얼굴에 불행이 찾아든다'는 말을 생각하고 지금 당장 행복해지라고 주문한다. 지금의 행복이 미래의 행복도 부를 수 있기 때문이다.

우리를 우울하게 하는 많은 걱정들의 대부분은 정말 일어나지 않는 쓸데없는 걱정이라 하지 않는가? 만족스러운 삶이라는 것은 얼마나 오래 사는 것보다는 얼마나 행복하게 사느냐는 것으로 결정된다.

어니 J 젤린스키(Ernie J. Zelinski)의 《느리게 사는 즐거움(Don't Hurry, Be Happy)》에는 '우리가 하는 걱정거리의 40퍼센트는 절대 일어나지 않을 사건들에 대한 것이고, 30퍼센트는 이미 일어난 사건들에 대한 것이며, 22퍼센트는 사소한 사건들에 대한 것이다. 그리고 단지 4퍼센트만이 우리가 바꿀 수 없는 사건들에 대한 것이다'라는 말이 있다.

걱정거리의 고작 4퍼센트만이 대처할 수 있는 진짜 사건들에 대한 것이다. 이 말은 걱정의 96퍼센트는 쓸데없는 것이라는 뜻이기도 하다. 제어할 수 있는 4퍼센트의 일들에 대해 걱정하는 것 역시 쓸데없긴 마찬가지다. 그 일들을 제어할 수 있으니 말이다. 요컨대 제어할 수 없는 일들에 대해 걱정하는 것은 그것을 제어할 수 없으니 쓸데없는 일이고, 제어할 수 있는 일에 대해 걱정하는 것은 그것들을 제어할 수 있으니 또 쓸데없는 일이다. 우리가 하는 걱정거리는 100퍼센트 쓸데없다는 결론이 된다.

행복해지고 싶은가? 그렇다면 걱정은 잊어버리고 크게 웃어라. 거울을 보고 눈꼬리가 치켜 올라갈 수 있는 뒤센의 웃음을 만들어 가며 웃어라. 이 웃음이 당신의 70세, 80세 그리고 100세까지 행복을 가져다줄 것이다.

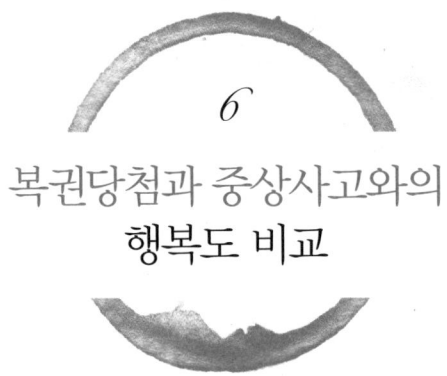

6

복권당첨과 중상사고와의
행복도 비교

마음이 가벼우면 오래 산다.
– 윌리엄 셰익스피어

　　　　　　　　　행복을 심리적 관점에서 보면
인생에서 가장 추구하는 선은 쾌락일 수 있다. 심리적 인지상태가
최적의 행복한 상태를 쾌락이라고 하니까 말이다. 쾌감은 육체적
쾌감과 고등한 쾌감으로 나눌 수 있다. 우선 육체적 쾌감은 인간
의 생물학적 기제에 의해 감각을 통해 자동으로 느껴지는 긍정적
체험을 말하며 지속기간이 짧다.

　고등한 쾌감은 좀 더 복잡한 심리적 처리 과정을 통해서 느껴지
는 복합적인 긍정 경험으로 장기간 지속된다. 하지만 극단적인 쾌
락을 추구하다 인생을 망치는 경우가 많다. 이는 쾌락추구가 영원
한 행복을 보장하지는 않는다는 것을 알려 준다. 정신질환으로 분

류되는 중독들도 대부분 이런 쾌락을 좇다 일어나는 일이다. 오히려 지나친 행복추구가 행복보다는 불행에 더 가깝다는 것을 알 수 있다.

고통과 쾌락이 같은 조건에서 선택해야 할 상황이라면 쾌락을 추구하는 것이 좋겠지만, 극단적인 것은 항상 부족함만 못하다. 지나친 쾌락 추구는 실현 가능성도 낮고 지속성도 낮다. 그것은 이런 쾌락에 대한 인간의 적응력 때문이다. 한번 체험한 쾌감은 다음 경험에서는 그 감도가 떨어져서 반복될수록 그 정도가 약해지는데 이를 '둔감화'라 한다. 우리에게 주어지는 상황들을 어떻게 적응하고 대처하느냐에 따라 행복지수가 달라질 수 있다. 이런 쾌락의 추구는 '쾌락이 본질적 선이며 고통은 악이라는 믿음'에 기초하고 있다. 이렇게 행복을 증진하는 것이 모두 선이라고 주장하는 쾌락주의는 행복주의의 한 형태이다.

쾌락주의가 인생행복의 조건으로 등장했지만 쾌락으로 지속적인 행복을 유지하는 것은 본질적으로 어렵다. 쾌락 경험의 지속기간은 행복에서 경시되는 경향이 있다. 우리는 대체로 유쾌한 것이든 불쾌한 것이든 어떤 경험이 얼마나 오랫동안 지속하는지를 중요하게 여기지 않는다. 중요한 것은 가장 강렬했던 쾌감의 수준과 마지막 순간에 경험한 쾌감의 수준이라는 것이다.

쾌감은 유쾌한 보상적 경험이다. 따라서 우리는 쾌감을 추구하며 반복적으로 경험하기를 원하게 된다. 그러나 쾌감은 반복적 경험을 통해서 그 유쾌함의 강도가 감소하는 경향을 지닌다. 처음에는 매우 유쾌한 경험이었지만 그러한 경험을 반복하면서 쾌감이나 흥미가 저하되는 경우가 일반적이다.

그 이유는 우리가 그것에 적응하기 때문이다. 쾌락을 주는 동일한 자극을 반복적으로 접하게 되면 그에 대한 쾌락을 점점 덜 느끼게 되는데, 이러한 현상을 적응이라고 한다. 적응은 지속적인 반복적 자극에 대해서 인식이 점진적으로 감소하는 지각적 경향을 의미하며, 둔감화 또는 습관화라고 불리기도 한다.

인간은 변화에 예민하며 행복은 새로운 긍정적 변화에 대한 반응이다. 행복은 항상 주어지는 자극보다 최근에 발생한 새로운 긍정적 사건에 대한 반응이다. 그러나 인간은 그러한 긍정적 변화에 대해 상당히 빨리 적응하게 된다.

이와 관련해서 1978년, 브릭만(Bric Kman) 등이 복권당첨자와 사고를 당해 사지가 마비돼 회복될 가능성이 없는 사람을 대상으로 실험했다.

복권당첨자들에게 일상적 활동에서 느끼는 즐거움과 더불어 과거와 현재의 행복도 그리고 미래에 예상되는 행복도를 0점(전혀 행복하지 않음)에서 5점(매우 행복함) 척도 상에서 평정하게 했다. 이들의 행복도 평정점수를 같은 동네에 거주하는 사람들과 비교한 결과, 복권당첨자들은 현재의 행복도(4.0 대 3.82)와 미래의 행복도(4.20 대 4.14)에 있어서 별로 더 행복하지 않은 것으로 나타났다.

당첨자들은 이웃에 비해 일상적 활동에서 즐거움을 덜 느끼는 것(3.33 대 3.82)으로 나타났다.

사고를 당해 사지가 마비돼 회복될 가능성이 없는 사람들에 대해서도 같은 방식으로 행복도를 조사했다. 이들이 경험하는 현재의 행복도는 2.96으로 복권당첨자의 4.0보다 현저하게 낮았다. 그러나 사고를 당한 사람들이 미래에 예상하는 행복도와 일상적 활동에서 느끼는 즐거움은 복권당첨자의 점수보다 오히려 약간 더 높았다.

이러한 결과는 커다란 행운 또는 불운을 경험한 사람들이 우리가 생각하는 것보다 자신의 삶을 현저하게 더 행복하거나 불행하게 느끼지 않는다는 것을 보여준다. 현격한 삶의 변화를 겪더라도 그러한 삶에 적응하기 때문이다. 일정한 시간이 지나면 특정한 쾌락의 경험은 일상의 생활 속에서 그 감도가 묻혀버리게 된다.

적응과정은 어떤 특정한 감각을 유발하는 외부의 자극 때문에 우리가 압도되지 않도록 보호해주는 기능을 지닌다. 적응은 우리가 주변 환경에서 일어나는 변화에 민감해지도록 해준다. 인간은 새로운 변화 상황에 계속해서 적응하면서 중립적인 상태로 돌아가는 경향이 있다. 이러한 적응 경향은 행복을 이해하는데 중요하다. 뜨겁게 사랑하던 사람과 결혼생활을 하게 되면서 그 열정이 왜 식게 되는지, 열망하던 성취를 이루고 나서 그 기쁨이 왜 오래가지 못하는지, 우리는 새로운 경험을 계속 추구하게 되는지를 이해할 수 있다.

행복의 비밀 중 하나는 우리가 '반복에 둔감하며 변화에 민감하다'라는 점이다. 같은 활동을 반복하게 되면 흥미를 잃게 되지만, 매번의 활동 속에서 약간의 변화를 주게 되거나 새로움을 발견하게 되면 흥미를 유지할 수 있다. 취미활동을 기계적으로 반복하게 되면 적응 또는 둔감화가 일어나 흥미를 상실하지만, 그 활동 속에서 미묘한 변화를 포착하거나 창의적으로 변화를 추구하게 되면 오히려 민감화가 일어나 흥미가 증대될 수 있다.

새로운 변화에 대한 적응과 관련해 중요한 요인은 대처이다. 적응은 수동적이지만 대처는 능동적인 적응과정이다. '흐르는 강물을 거슬러 올라가는 힘찬 연어'라는 표현이 있는데, 인생에서 정작 중요한 것은 극단적인 쾌락보다는 어느 정도의 고통조차도 감내 할 정도의 낙관적인 사고이다. 주어지는 상황에 적절하게 능동적으로 대처하는 것이 행복에는 훨씬 더 큰 영향을 주게 된다. 벌어진 상황에 대처하는 데에는 이렇게 낙관성이 중요하다. 미래의 긍정적 결과에 대한 기대는 기분을 고양할 뿐만 아니라 스트레스 상황에서도 더 효과적인 대처전략을 사용하게 한다. 자존감이 높고 자신의 인생에 대한 통제감이 높으며, 대인관계에서 성공적인 사람들은 희망과 긍정적 기대를 하고 미래를 바라보게 될 가능성이 높다.

얼마 전 경찰공무원들을 대상으로 은퇴설계 강의를 진행할 때였다. 휴식시간에 대화를 나누던 수강생들이 선배들 이야기를 해주었다. 두 선배가 있었는데 한 선배는 오직 직장과 집밖에 몰라서 규칙적으로 살았고, 다른 한 선배는 아는 사람도 많고 호기심도 많아 항상 많은 사람들을 만나고 바쁘게 지내다 동시에 퇴직했다고 한다.

퇴직 후 5년 정도 지나 우연히 두 선배를 만났는데 직장과 집밖에 몰랐던 선배는 퇴직 후 상심해서 특별히 하는 일 없이 집에서만 지낸다고 했다. 그는 몰라볼 정도로 늙어 있었고, 활동적이었던 다른 선배는 오히려 현역에 있을 때 보다 더 바쁘게 지내며 여러 곳에 소속돼 다양한 일들에 관여하며 더 활기차고 젊어 보이더라는 것이었다.

일상에 많은 관심을 가지고 열심히 사는 선배처럼 낙관적으로 인생을 주도적으로 산다는 것이 삶을 얼마나 행복하게 만들어 주는가를 설명하는 좋은 사례이다. 이렇게 낙관주의는 긍정적 기분과 의욕, 인내심과 효과적인 문제 해결, 신체적 건강, 학업적, 직업적 성공을 촉진할 뿐만 아니라 심지어 장수와도 관련이 있다. 비관주의는 우울증, 소극성, 실패 경험, 사회적 고립, 신체적 질병, 사망률을 높이는 것으로 알려졌다.

장기 추적 연구에 따르면, 낙관적인 사람일수록 수십 년 후에 신체적으로 건강할 확률이 높았다. 낙관주의는 현재에 대한 긍정적 평가와 미래에 대한 희망적 기대를 의미한다. 현재 사건의 긍정적인 측면과 변화에 주의를 기울이고, 그 의미를 다양하게 해석해 미래의 희망으로 연결한다. 이를 '긍정적 환상'이라고 한다.

적응과 대처 이론이 시사하는 것은 '행복한 인생을 살기 위해서는 자신에게 일어나는 긍정적 변화에 주목하고 사건의 부정적 측면을 무시하지 않되, 긍정적 측면에 주의를 기울이라는 것'이다. 어떠한 일이 발생했을 때 그 의미를 긍정적으로 해석해 받아들이고 미래에 대한 긍정적 기대를 가지고 최선의 결과를 유발할 수 있도록 대처해야 한다. 이는 인생에서 행복은 거저 주어지는 것이 아니라 스스로 적극적으로 발견하고 발굴해야 하는 것이기 때문이다. 은퇴 또한 우리가 어떠한 관점에서 바라보느냐에 따라 행복감 측면에서 굉장히 다른 결과를 가져다줄 것이다.

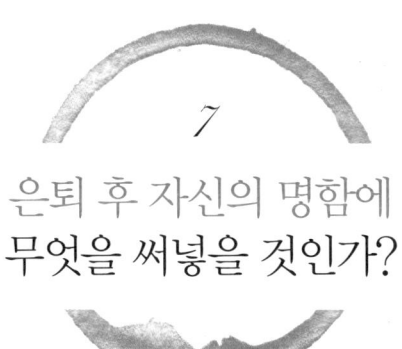

은퇴 후 자신의 명함에
무엇을 써넣을 것인가?

　　　　　　　　　나는 퇴직을 앞둔 많은 이들에게 "퇴직 후 명함을 어떻게 만들 것인지요?"라고 물어본다.

　명함이 뭐 그리 대단한 것이냐고 반문할지도 모른다. 하지만 특히 남자들에게 명함은 자신을 드러내는 중요한 지표이자 인식표이다. 처음 사람들을 만나면 가장 먼저 하는 일이 명함을 주고받는 것이다. 그런데 이 명함에는 자신이 소속된 직장과 직책이 나와 있고 그 명함의 직장과 직책중심으로 자신을 소개한다. 명함이 없더라도 대부분 자신을 소개할 때는 "어느 직장의 누구입니다"라고 한다. 자신을 소개한다는 것은 자신의 정체를 드러내는 일이기도 하다.

공무원 정년을 두 달 앞둔 한 퇴직 예정자의 명함에는 '자연인'이라고 쓰여 있었다. 그는 부인의 건강이 좋지 않아서 시골에 내려가서 자연식을 하겠다며 전원생활을 선택하고 명함에 자연인으로 새겼다고 했다.

군대에서 경계근무를 할 때 필수적인 것이 수하이다. 불특정한 물체를 확인하기 위해 보초가 수하한다.

"손들어! 움직이면 쏜다!"

"암구호"

"누구냐?"

"용무는?"

그리고 확인 후 통과시킨다. 바로 정체를 확인하는 것이다.

우리가 명함을 주고받는 일이나 자기를 소개하는 일은 위의 수하를 진행하는 것과 크게 다르지 않다. 자신의 정체를 상대방에게 알리는 일이나 상대가 누구인지를 아는 것이 관계 형성의 첫 단계이기 때문이다. 그런데 이렇게 소개하는 개인의 정체라는 것은 매우 다양한 형태를 띠고 있다.

우선 위에서 설명한 것처럼 역할 중심의 자신도 있고 처음 만남에서 말할 수는 없지만, 시간이 지나 친숙도가 높아지면 추가로 설명해야 하는 것들도 있다.

심리학자 융이 주장한 '페르소나(Persona)'라는 말이 있다. 이는 가면이라는 뜻으로 상황에 대응하는 다양한 형태의 자아가 존재한다는 것이다. 이는 자아의 편에 서서 외부세계와 협상하는 의식의 일부분을 말하며, '연극의 가면'을 의미하는 라틴어 페르소나에서 유래했다.

우리가 사회인으로서 행동할 때 착용하는 가면과도 같은 것이다. 페르소나는 사회적 계층, 직업, 문화, 국적 등에 의해 결정되는데, 우리는 상황마다 각기 다른 페르소나를 사용한다. 그러나 우리는 자신에게 유리하고 최선이라 생각되는 페르소나를 일관성 있게 채택하는 경향이 있다. 그것이 가장 편안하게 느껴지기 때문이다. 그래서 직장과 직책과 이름을 자기를 표현하는 가장 적절한 수단이라고 생각한다.

누군가에게 자기를 표현할 때 대표적으로 드러내는 것을 자아라고 한다. 자기가 생각하는 자신의 기본적인 특성을 말한다. 스스로에 대한 평가를 종합한 것으로 자기에 대한 인식은 주위환경과 다른 객체와 구별하는 것이며 상당한 정신적 작용을 필요로 한다. 이것은 내가(I) 나를 (Me) 생각하는 것이라고도 한다.

이렇게 가면을 구성하는 다양한 형태의 역할이 존재한다. 크게 이 역할을 사회적 정체성과 개인적 정체성으로 구분한다. 사회적 정체성은 국적과 고향, 직장, 직책 등 사회적 관계 속에서 자신의 위치를 말하고, 개인적 정체성이란 개인 고유의 성격이나 취미 장점 등을 의미한다. 이러한 사회적 정체성과 개인적 정체성이 결합돼 우리의 자아를 구성하게 된다. 그런데 이렇게 구성된 자아가 얼마나 복잡하게 구성이 되어 있느냐에 따라 행복지수가 달라진다.

우선 그 크기가 매우 중요하다. 자아복합성이라고도 하는 자아의 구성요소들은 자존감에 큰 영향을 미친다. 자아복합성이 높은 사람은 사소한 성공과 실패에 영향을 받지 않지만 낮은 사람은 성공에 대해서는 과다한 자존감을 느끼고 실패에 대해서는 과도한 열등감을 느끼게 되어 외부의 영향과 평가에 삶의 만족도가 급격히 변화한다.

이러한 자기 모습은 자아의 불일치와도 상관성이 높다. 일반적으로 자아는 세 가지 형태를 띠고 있다.

첫 번째, 실제적 자기를 말하고 두 번째, 스스로 이랬으면 하는 이상적 자기 세 번째, 당위적 자기로 남들이 기대하는 자기 모습을 말한다. 그런데 실제적 자기와 이상적 자기가 일치하지 않으면 수치심과 낙담 그리고 실망과 우울감이 생기며 실제적 자기와 당위적 자기가 일치하지 않을 때에는 긴장감과 죄책감, 불안감과 함께 스트레스를 받는다.

행복에 영향을 미치는 요소로 자긍심(Self-Esteem)도 중요한 기준이 된다. 자긍심이란 '스스로 느끼는 가치감, 즉 자기 존중감'을 말하며 자긍심의 형성과 유지는 경험에 의존한다.

자긍심이 높으면 사회생활에 적응을 잘하고 정신적으로 건강하며 어려운 상황을 잘 극복한다. 반대로 자긍심이 낮으면 자신에 대해 일관성이 없고 어려운 상황에 대처를 못 하며 정서적인 문제를 가진다. 자긍심이 낮은 경우 허풍이나 과장을 통해 인정받으려 하거나 다른 사람의 허물을 지적해 자신의 우월성을 표시하는 경우가 많다.

어느 정도의 긍정적 자기 착각은 정신건강에 이로울 수 있다. 자긍심을 유지하기 위한 전략으로는 자기기여적 편향이 있다. 쉽게 말해 잘 되면 내 탓, 잘못되면 남을 탓하는 것이다. 성공하면 자신의 능력, 노력과 같은 내부귀인 때문이라 생각하고, 실패하면 상황, 운, 몸 상태와 같은 외부귀인으로 돌리는 것이다. 필요에 따라 비교상대나 비교사안을 변경하거나 더욱 노력하고 투쟁하거나 항거할 수도 있다.

자기를 표현하는 자아의 크기를 유지하거나 자긍심을 유지하는 것은 행복에 있어 너무 중요한 일이다. 그러나 우리의 자아복합성의 주를 이루고 있는 사회적 정체성이 유동적이고 변동적이라는 데에 문제가 있다. 나를 지탱하던 사회적 정체성은 퇴직이나 정년 등으로 없어질 수 있고, 그런 경우 그 자리를 채울 수 있는 무언가를 대처하지 못하면 크기가 줄어들어 자긍심도 같이 줄어들 수 있다. 행복의 크기도 같이 줄어든다. 따라서 어떻게 하면 이렇게 갑자기 나의 크기를 바꿀 수 있는 사회적 정체성을 채울 수 있을까를 고민해야 한다.

퇴직한 후에는 아예 명함이 없거나 명함이 있더라도 직함자리를 채우지 못하거나 퇴직 전 직함과 비교해서 자신의 위치와 역할을 판단하기도 한다.

그러나 자존감이라는 관점에서 볼 때 자신은 명함에 어떻게 씌어있건 어떻든 달라지는 것이 아니다. 자존감에 대한 자신감이 없는 사람들이 이러한 직위나 권위에 의존해서 자신을 표현하려고 한다. 하지만 곰곰이 생각해보면 정말 자신에 대해 별도의 설명이 필요 없는 사람들은 명함이 없다. 대표적으로 연예인들이 그렇다. 그러니 사회에서의 직함과 자기자존감을 동일시해서는 안된다.

명함은 이러한 사회적 정체감의 절대적인 표현이다. 퇴직하고 명함이 없어 내가 누구인가를 설명하지도 못하는 그런 상황은 만들지 말아야 한다. 명함 없이 자기를 표현할 만큼 자긍심과 자아를 키우거나 아니면 자아를 감당할 만한 다른 사회적 정체감을 만들어야 한다.

당신은 퇴직 후 부장, 이사, CEO라는 타이틀 없이도 당당해져야 한다. 그리고 그게 정상적인 경우다. 앞서 말한 '자연인'이라는 타이틀을 당당하게 내건 이처럼, 우리 모두는 언제나 존중받아야 할 소중한 존재이기 때문이다.

직함이 없는 자신의 명함의 빈자리에는 무엇을 써넣을 것인지 지금부터 한 번 차분히 생각해 보자.

제6장

—

어디에서
무엇을 하며
지낼 것인가?

1

이민 생활,
달콤하기만 하지 않다

새로운 친구를 만드는 것보다 더 중요한 것은,
오래된 친구 한 명과의 관계를 유지하는 것이다.
– 엘머 리터맨

하루는 아흔을 앞둔 장인이 친
구분과 만난다고 외출했다. 평소 무릎이 좋지 않아 외출을 삼가던
분이 불편한 몸으로 집에서 10분 정도 거리에 있는 청량리의 한
병원에서 친구를 만난다고 나가신 것이다. 그 친구분은 장인보다
좀 더 연세가 드신 92세로, 멀리 온양에서 청량리까지 눈이 좋지
않아 안과 치료를 하려고 찾아왔다고 했다. 아내를 통해 나중에
들어 봤더니 대학동창인 두 분은 40년 전에 친구분이 미국으로 이
민을 떠나면서 헤어졌다가 최근 친구분이 귀국하면서 다시 만나
게 된 것이었다.

해방 전 이북에서 교원생활을 하다가 6.25때 월남해 서울대학교

행정대학을 다녔고 농림부 공무원으로 젊은 날을 보냈던 그는 50대 중반 가족들의 권유로 미국에 이민을 떠났다. 두 아들과 딸 내외와 부부가 미국에서 열심히 살았다. 이민 후 본인도 직장을 다니다가 퇴직 후 은퇴생활을 보내고 있었는데 이민 후 35년 정도 지나면서 결정적 위기가 왔다고 한다.

부부와 같이 살던 큰아들이 이혼하고 며느리는 귀국했고 부인과의 사이도 데면데면했다. 하루 대부분을 텔레비전을 보면서 지내던 생활이 너무 지루하고 힘들어 단신 귀국을 결심했다고 한다. 하루하루가 그저 죽음을 향해 한 발 한 발을 내딛는 것 같은 지루한 삶을 견디기 힘들었던 그는 도저히 그곳에서 생활할 수가 없었다. 그래서 자신의 존재 이유를 확인할 수 있고 지인들이나 이웃과 어울릴 수 있는 한국으로의 귀국을 결심했다.

생활비는 미국에서 받고 있던 연금으로 해결하기로 했는데 필리핀에 있는 사회보험 사무소를 통해 받았다.

처음에는 마포에서 원룸을 빌려서 살기로 했고 미국에서 타고 다녔던 렉서스 승용차도 탔다. 1980대 중반만 해도 아는 친구도 있었고 자녀들이 조금씩 보내주는 용돈으로 그럭저럭 지낼만했다고 한다. 하지만 점차 서울의 물가는 올랐고 자녀들이 보내주는 용돈도 줄어들었다. 친구들도 하나둘씩 세상을 떠났다. 그러다 보니 더는 생활비가 많이 들어가는 서울에서 살아야 할 이유도 없어졌다. 그래서 물색한 곳이 전철 무임승차가 가능하고 거주 환경이 좋은 온양이었다.

　나이가 들어 더는 운전도 힘들어서 차도 처분하고 지내는 그곳에서의 생활은 서울생활보다 더 단조로웠다. 유일한 지인인 장인도 건강이 썩 좋은 편은 아니어서 온양까지 방문하기도 어려웠다. 그런 그분에게 최고의 낙은 한 달에 한 번 청량리까지 와서 장인과 함께 하는 점심 시간이었다. 그런데 갑자기 눈이 잘 보이지 않는다며 그래도 서울에서 오래 살고 있는 장인이 더 잘 알 것이라며 안과를 소개 해 달라고 해서 그날 같이 병원을 다녀온 것이었다.

　젊은 날 누구 못지않은 날들을 보냈지만, 이민 후 어려움을 겪었고 인생의 말년을 정말 쓸쓸하게 보내고 있는 이 노인의 모습은 바로 100세 시대의 일면을 보여준다.

　자신이 처해 있는 상황에 대한 돌파구로 이민을 생각하는 사람들도 많다. 어찌 되었던 여러 경로를 통해 들은 정보를 종합해보면 우리나라에서는 너무 지나친 경쟁사회를 사는 것 같고 남북대치 상황과 정치 상황 등을 종합적으로 판단해서 자녀들의 미래를 위해서라도 이민을 가겠다고 하는 사람들이 많이 있다. 그런데 실제 이민 생활은 여기서 생각하는 것처럼 만만치 않다.

　대부분 이민자들이 초기 이민을 하여서 정착할 때 까지는 정말 물불을 가리지 않고 열심히 산다고 한다. 그러다 보니 특별한 자산이나 기술이 없이 간 이민은 노동력으로 극복할 수밖에 없는데 상대적으로 우리와 비교하면 고용의 기회나 경쟁우위의 분야에서 나름의 성공을 거둘 가능성은 크다. 그러나 언어의 장벽과 문화의 장벽을 넘어 성공하기 위해서는 우리나라에서는 생각지 못했던 부부 모두의 피나는 노력과 희생을 강요한다.

일터에 매진해야 하는 부모들 때문에 방치된 사춘기 전후의 자녀와의 관계는 잘 되는 것보다 그렇지 못할 가능성이 더 크다. 자녀들이 스스로 잘 성장한다 할지라도 부모보다는 친구들과 어울리고 한국보다는 미국식 정서에 맞는 자녀들로 자라날 가능성이 크다. 자녀들이 성공하고 두 부부가 노년이 되었을 때는 직장을 다니며 느끼던 외로움과는 또 다른 어려움이 찾아올 수 있다.

자녀들의 결혼도 문제가 될 수 있다. 교포끼리 결혼하기도 하지만 외국인과의 결혼도 많다. 글로벌 시대이긴 하지만 아직 한국 정서와 외국의 정서 간에는 많은 차이가 있다. 외국인이 외국인으로만 보이는 부모 세대와는 달리, 그들을 같은 미국인으로 대하는 자녀들과는 자녀들의 배우자에 대한 느낌이 다를 수밖에 없다.

내 초등학교 동창 중 한 명이 미국이민을 가서 서부지역에서 몇 개의 일식당을 체인 형태로 운영하며 꽤 성공했다. 몇 년 전 미국에서 진행된 콘퍼런스에 참석할 기회가 있어 그 친구와 같이 LA에서 이틀을 같이 지낸 적이 있었다. LA에서 서너 시간 떨어진 거리에 살고 있던 친구는 기꺼이 나를 만나러 LA에 와서 할리우드와 LA 시가지를 구경시켜 주었다. LA에 있는 동창들을 모두 불러 성대한 환영식도 해 주었다.

그는 가끔 한국에 계신 어머님과 누나들을 만나러 오곤 한다. 그 친구가 귀국하면 동창들이 그것을 핑계 삼아 따로 모임까지 하면서 서울에 있는 동안 같이 어울리곤 한다.

그가 최근 중국에 유학간 딸 때문에 와 있다가 잠깐 한국에 들렀다. 2박 3일 일정이었는데 나와 함께 다른 한 친구와 셋이서 제주도를 갔다. 그곳에서 자신의 고민을 이야기했다.

얼마 전 그의 아들이 결혼했다. 그런데 며느리가 미국인이었다. 어려서부터 이민생활을 하였던 아들은 친구의 바람대로 열심히 공부해서 대학을 마쳤고 친구는 자신의 사업체를 아들에게 물려줄 생각이었다. 당연히 며느리는 한국 사람일 것으로 생각했는데 어느 날 아들이 데려온 며느릿감은 자기 생각과는 너무 달랐다.

자식을 이길 수 없어 결혼을 시키게 되었는데 친구는 결혼식 날 또 한 번 충격을 받았다. 며느리의 부모는 이혼 후 각기 재혼한 상태였는데 결혼식 날 생모 부부와 생부의 부부가 같이 참석했다. 며느리는 한 명인데 4명의 사돈을 접대한 것이다. 그런데 생부가 술에 취해 난동을 부렸다. 그들과 처음이자 마지막 만남의 기회였던 피로연은 그렇게 끝났다.

신혼여행을 다녀온 후 아들이 며느리와 같이 식당을 운영하기로 했다. 친구가 아침에 출근하면 며느리가 자신의 성을 부르며

"하이, 준!"하며 손끝만 까딱하고 아침 인사를 끝낸다.

이민의 어려움을 극복하고 성공한 시아버지로서 며느리와의 평범하고 단란한 생활을 꿈꾸던 친구는 어느 날 갑자기 자신을 공경하기는커녕 나이도 관계도 무시하는 파란 눈의 며느리를 맞이하게 되었고, 그 며느리와는 대화도 잘되지 않을뿐더러 며느리가 자신의 식당에서 주인 행세를 하는 것이 영 못마땅하다고 했다. 그래서 미국에서의 생활에 재미없어 했다. 한국에 돌아와서 친구들과 재미있게 살고 싶어서 이번 기회에 역이민을 생각하며 그 준비차 왔다고 했다. 그러면서 미국에 가서 고생했던 다른 친구의 이야기도 들려 주었다.

"세탁소를 운영하던 한 친구는 충치로 고생하고 있었지. 그런데 일손이 달리고 병원비가 아까워 이를 직접 펜치로 뽑다가 잇몸이 망가지는 바람에 지금은 몽땅 틀니를 하고 있다고 하네. 생니를 마취도 없이 자기 손으로 뽑는 것을 상상해봐"라며 쓴웃음을 지었다. 그는 "미국에서 나름 성공한 것은 이런 노력의 대가였는데 말야. 이제는 자식들이 크고 경제적인 문제가 해결되고 나니 미국에서 살아가는 재미를 더는 느낄 수가 없게 됐지 뭔가. 차라리 지금이라도 고국으로 돌아오는 것이 더 늙어서 오도 가도 못하고 힘들게 지내는 것보다 더 낫지 않을까 하는 생각이 들어"라면서 자신의 고민을 털어놓았다.

내가 회사를 그만둘 때 상사는 미국시민권자였다. 우리나라에서 기자를 하다가 무작정 미국에 이민 가서 갖은 고생을 다하며 미국보험사에서 인정받는 성공한 보험인이 되어 내가 근무하던 회사에 고문으로 초청을 받아 귀국했다. 그 후 몇 년간 나와 관련된 업무부서의 책임자로 일했다.

내가 회사를 나오고 얼마 되지 않아 그도 회사를 그만두게 되었는데 그때까지 뉴저지에 가족들이 살고 있었다. 회사를 그만둔 뒤에는 뉴저지를 떠나서 플로리다 지역으로 이사하게 되었는데 간혹 회사에서 초청해 귀국하게 되면 연락해서 만나곤 했다. 그때 이사한 이유를 물었다.

"뉴저지 쪽은 너무 추워서 견딜 수가 없더군. 그래서 좀 더 따뜻한 곳으로 이사하게 되었지. 알아봤더니 플로리다가 나와 비슷한 연령대의 교민 은퇴자들이 많고 한국과 직항 노선이 있는 공항이 근처에 있다고 해서 이쪽으로 오게 되었어. 미국에서 살다 보면 필요할 때 의견을 물어볼 수 있는 교민들이 많이 있는 것이 아무래도 마음이 편하지. 또 기왕이면 귀국이 쉬운 곳이 낫고."

이렇듯 많은 이들이 외국 생활에 쉽게 적응하지 못한다. 자신의 평생의 근거를 버리고 이민을 떠나는 것에는 정말 큰 위험이 따른다. 인생의 노년에 그런 선택을 한다는 것은 더 위험하다. 현지에서 젊어서부터 오랜 생활 살았던 경험이 있고 많은 인맥이 형성된 상태가 아니라 단지 자연환경이나 물가 때문에 선택하는 것은 위험한 생각이다. 외국 이민은 매우 신중하게 결정해야 한다. 오히려 앞서 얘기한 사례들처럼 부분적으로 필요에 따라 생활 방식을 조정하는 지혜가 필요하다.

한때 동남아 지역으로 은퇴이민이 관심을 끌었던 적이 있다. 필리핀이나 인도네시아, 말레이시아 등으로 은퇴 후 이민을 하면 우리나라 생활비의 절반도 되지 않는 비용으로 가사도우미를 두고 황제 같은 삶을 살 수 있다는 말에 많은 이들이 환상을 가졌고 실제 이런 비즈니스를 추진하는 업체도 상당수 있었다. 하지만 지금은 가족들과 떨어져서 문화도 다르고 언어도 잘 통하지 않는 나라에서 친구도 없이 지낸다는 것이 얼마나 힘든지 알게 된 많은 이들이, 일정 기간은 그곳에서 보내고 나머지 기간들은 자신의 집에서 보내는 부분 해외 노후생활을 선호하고 있다.

이러한 수요를 따르기 위해 현지에 콘도 형태의 시설을 운영하며 1년에 일정 기간을 현지에서 생활할 수 있는 편의를 제공하는 업체들도 많이 있다. 얼마 전 겨울에 중국 황산으로 골프를 칠 겸 출사를 갔는데 그곳에서 열 쌍이 넘는 노인들이 숙박하며 골프 치는 것을 보게 되었다.

"저기 노인들은 어떤 분들이지요?"라고 물었더니 주변 사람이 답하길 "저 분들은 평생회원권을 사서 단체로 이곳에서 일정 기간 동안 머물며 지내고 있습니다. 회원권을 가진 회원들에게는 라운딩 비용이 거의 공짜 수준이고 숙박료도 저렴한 데다 주변 관광지를 다니며 좋은 요리까지 먹으며 즐길 수 있어서 인기가 아주 많습니다"라고 하는 것이었다.

노년의 삶에서 물리적 환경은 매우 중요한 요소이다. 단순하게 의식주만 해결되면 문제가 없을 것 같지만 삶의 만족도에 영향을 미치는 것은 이런 현실적인 요소 외에도 많은 것들이 있다. 주거공간의 효용은 일차적으로 가족의 생활공간의 역할을 한다.

일반적으로 주거공간은 가족의 레크리에이션(휴식, 수면, 배설)과 영양섭취, 생식 등 경제활동을 위한 필수적 요소라 할 수 있는 1차적인 육체적 욕구와 단란, 유희, 공부, 사색 등 정신적인 2차적 욕구를 충족시키기 위하여 준비된 공간이라고 할 수 있다. 여기에 자산으로서 경제적 투자는 3차적 기능이다.

은퇴 전 주거공간을 선택할 때 고려사항으로는 1차 육체적 욕구와 3차 투자 욕구일 수 있다. 하지만 은퇴 주거공간은 은퇴 전 주거공간이 가졌던 1차적 기능보다는 2차적 기능이 더 큰 공간이다. 일반적으로 은퇴 전 주거공간을 결정할 때 우선순위가 주택의 투자가치와 경제 활동을 하는 데 있어 편의성, 그리고 자녀 학교 등이었다면 은퇴 주거공간은 이들 요소보다는 감정적인 안락함이 훨씬 더 중요한 요소가 된다.

그 이유는 은퇴 후에는 바깥 활동보다 주거공간 중심의 일상이 대부분이기 때문이다. 은퇴 전 주거공간은 단순하게 경제적인 관점이 의사 결정의 우선순위였다면, 은퇴 후 주거공간에서는 생활의 대부분이 이루어지므로 은퇴 전 생활 만족도를 결정지었던 외부 활동을 대신하여 만족감을 얻을 수 있어야 한다.

그리고 얼마나 오랫동안 사용할 것인지 생각해 봐야 한다. 은퇴후 평생 지낼 것인지 아니면 거동이 가능한 기간까지만 지낼 것인지 또는 몇 년간 살다가 처분하거나 자식들에게 물려줄 것인지 등을 고려해야 한다. 일반적인 경우 은퇴 주거공간은 나이를 먹고 건강상태가 변화함에 따라 완전 자립형 주거공간에서 반 의존형 주거공간으로, 그리고 마지막으로는 완전 의존형 주거공간으로 기능을 가지고 있어야 한다. 이런 기능이 갖추어지기 위해서는 먼저 구조나 위치 등에 변화를 줄 수 있어야 한다.

경제적 의사 결정만이 중요한 고려사항이었던 은퇴 전 주거공간처럼 은퇴 후 주거공간도 한 번 결정하면 큰 변동이 없을 것을 가정하고 주택을 선택하면 후회할 수 있다. 빠르게 변하는 육체적 기능의 변화에 적응하지 못해 매우 불편한 공간이 될 수 있기 때문이다. 이런 경우를 대비한 출구전략도 생각해야 한다. 은퇴 전보다 오히려 이사를 더 자주 해야 할 시기가 은퇴 생활기간이기도 하다.

은퇴생활로 전원생활을 꿈꾼다면, 전원주택을 지을 곳을 선택하기 위해서는 다음과 같은 사항을 검토해 보아야한다. 저렴한 가격으로 대지매입이 가능한 곳, 편의시설이 집단적으로 구성된 지역시설로부터 격리되지 않은 곳, 노후 건강을 감안하여 의료 서비스를 쉽게 받을 수 있도록 병원이 가까운 곳 등이다.

공공교통 서비스 이용이 원활하고 환경적 요소로부터 보호를 받을 수 있는 곳을 선택해야 한다. 그러나 지나치게 가격에 집착해서 싼 물건만을 선택하는 것도 위험하다. 지나치게 가격이 싼 데는 나름대로 이유가 있을 수 있고, 그 요인이 나중에 주택의 가치를 낮게 해서 손해를 보고 처분하게 되거나 아예 처분이 어려울 수도 있기 때문이다.

너무 외진 곳을 선택하면 예상치 못한 위험에 빠질 수도 있다. 이런 곳은 전원주택이라기보다는 육지로부터 멀리 떨어진 외딴 섬과 다르지 않다. 굉장히 외로울 수 있고 보안에 취약하기도하다. 전원주택에 강도가 들어 위험에 처했던 부부가 그 집을 처분한 사례도 있었다. 배산임수 지형에 주거와 관련된 시설물의 배치가 쉬우며 완만한 경사지로 특별한 장애물이 없는 곳을 선택해야 하며 주변에 오염 및 혐오시설, 고온다습한 기후는 배제하는 것이 좋다.

2
남해 원예 예술촌과
헤이리 예술마을

행복은 우리 주변에서 자라나며,
낯선 이의 정원에서 얻어지는 것이 아니다.
— 더글러스 제럴드

삼천포대교를 지나 남해군에
들어서면 온통 푸른 다도해가 반긴다. 해안선을 따라 내려가다 보
면 독일인 마을 근처에 있는 원예 예술촌에 다다른다. 언덕 위에
예술촌의 존재를 알리는 커다란 건축물이 멀리서도 마을의 위치
를 알려준다.

이 원예 예술촌은 애초 무형문화재들이 상주하는 공간으로 기
획되었다가 실제 입주자가 많지 않아서 기반 시설 공사까지 진행
된 사업이 한동안 표류했던 지역이었다고 한다. 그때 마침 원예를
취미로 하던 단체에서 이 지역을 다시 개발하기로 남해군과 양해
각서(MOU)를 맺고 정착하기로 하면서 현재의 예술촌으로 탄생하

게 되었다.

물론 양해각서를 맺었다고 해서 사업이 순조롭게 진행된 것은 아니었다. 사업 설명회 당시에는 관심 있는 회원들이 무리지어 이곳을 방문했다. 그렇지만 그 후 계약단계에서 이 핑계 저 핑계로 빠져버려 최종단계에서는 6명 밖에 남지 않았다. 여러 명이 한번에 둘러보며 군중심리에 휩쓸려 이곳이 좋다고 생각했지만, 막상 서울에서 승용차로 네 시간 이상 걸리는 남쪽 끝 섬마을에 이주한다는 것이 그렇게 만만치는 않다는 것을 뒤늦게 알게 된 것이다. 어떤 이는 아직 어린 자녀들이 마음에 걸리고, 어떤 이는 배우자의 직장이 문제가 되고, 또 어떤 이는 배우자가 동의해주지 않아서 문제라는 식이었다.

결국, 마지막 남은 6명이 이곳을 살리기 위해 피나는 노력을 들였다. 수시로 모여 대책회의를 하고 아이디어를 냈으며 취지에 동의하는 주변 지인들을 포섭하기 시작했다. 이때 탤런트 박원숙 씨가 참여하게 되었고 17명의 회원들이 발기인으로 영농조합을 만들어 2006년부터 사업이 시작되었다. 3년간 군의 기반시설자원과 100억 원 정도의 민간자본을 들여 2009년 문을 열었다.

현재는 원예전문가를 중심으로 한국 손바닥 정원연구회 회원 20명이 직접 지은 집 21채에서 살고 있다. 집과 정원을 개인별 작품으로 조성해 이룬 마을로 세계 각국 정원의 이미지를 살려 꽃터널, 조각공원, 분수, 산책로 등 특색 있는 원예거리가 조성돼 있다.

입장료 수입의 5퍼센트는 남해군에 지역발전 기금으로 기부하고 있다. 지난 2009년 5월, 원예 예술촌을 개장한 이래 2012년에는 관광객이 전년 대비 22퍼센트 증가해 31만여 명이 다녀갔다. 그에 따른 입장료 수입금의 5퍼센트인 5,700만 원을 남해군에 기탁했다.

물론 이 이익금의 대부분은 마을 조성기금을 출자한 조합원들에게 배당된다. 2012년에는 각 조합원에게 약 1,200만 원씩 배당되었다. 자신이 좋아하는 일을 하며 모여 살면서 입장료를 받고, 은퇴주택에서 별도의 수입도 발생하는 구조이다.

이와 비슷한 형태의 은퇴 주거 공간으로 '헤이리 예술마을'이 있다. 지도상에서 위치가 남해 원예 예술촌과는 극과 극인만큼 다른 점이 많지만 비슷한 점 역시 많다. 헤이리는 다양한 장르가 한 공간에서 소통하는 문화예술 마을이다. 파주지역 전래 농요 '헤이리 소리'에서 마을이름을 따왔다.

1998년 발족한 헤이리는 15만 평(49만㎡)에 미술인, 음악가, 작가, 건축가 등 380여 명의 예술인들이 회원으로 참여해 집과 작업실, 미술관, 박물관, 갤러리, 공연장 등을 조성한 문화예술공간이다. 산과 산 사이에 있으며, 마을 한가운데 갈대 늪지와 5개의 작은 다리가 있다. 숲과 냇가, 건축과 예술이 어우러져 있어 걸으면서 관람하는 것이 좋다.

모든 건축물은 수십 명의 국내외 유명 건축가가 만들었으며 산과 구릉·늪·개천 등 주어진 자연환경을 최대한 살려 설계되었다. 각종 미술작품들이 자연의 생생한 숨결과 어울려 또 하나의 거대한 예술품이 되는 구조이다. 건축가들은 페인트를 쓰지 않고 지상 3층 높이 이상은 짓지 않는다는 기본원칙에 따라 자연과 조화롭게 건물을 설계했다. 안팎이 구분되지 않는 건물, 지형을 그대로 살려 비스듬히 세워진 건물, 사각형의 건물이 아닌 비정형의 건물 등 각양각색의 건축물들은 각기 개성을 지니고 있다.

이곳에 건물을 지은 초기 입주자 몇몇과 입주 당시 상황에 대해 이야기를 나눌 기회가 있었다. 그중 한 분은 서양화가로 주중에는 서울에서 가족들과 생활하고 주말에는 헤이리에 와서 생활한다고 했다. 하지만 그는 "만약 다시 집을 짓는다면 절대로 저렇게 짓지는 않을 거예요"라며 고개를 내저었다. 지극히 이상적인 생각만으로 건축업자에게 의지한 결과, 날림 공사가 되었고 방향에 대한 실질적인 검토 없이 설계된 구조는 차광과 조명에 많은 문제를 안고 있었다.

준공검사를 받기 위해 추가 공사가 필요했고 그 과정에서 시공업자가 얼마나 날림으로 공사했는지 보고 경악했다고 한다. 뜯어낸 벽체에는 마감을 위해 공사 폐기물을 쑤셔 넣어 놓았고 눈에 보이지 않는 곳곳에서 이런 문제들이 노출되었다. 그는 "다음에는 정말 꼼꼼히 살펴보고 건축과정도 철저하게 관리, 감독해야죠" 하며 크게 후회하고 있었다.

다른 한 사람은 스튜디오를 운영하는 것이 꿈이었던 사진작가였다. 충무로의 열악한 작업환경을 벗어나고 싶어 헤이리에 정착하기를 희망했던 그는, 공간이 높은 스튜디오를 만들어서 충무로의 일감들을 받아 일하고 스튜디오도 임대하는 것을 목표로 이곳에 왔다.

일 층에 높은 공간의 스튜디오를 만들고 이 층은 작업장, 삼 층은 주거공간으로 철골구조의 건축물을 만들었다. 건축하는 과정에서는 몇 번의 설계 변경과 시공업자와의 갈등으로 본인이 생각했던 것보다 훨씬 많은 건축비가 들어가 대출까지 받아 건물을 완성했다.

그런데 이 건물은 창문이 많은 일 층을 제외하고는 외형이 모두 철제로 마감되었다. 철제를 주 건축 재료로 사용한 것은 건축기간이나 간편성 면에서는 만족스러웠다. 하지만 철제는 온도에 따라 신축도가 너무 커 겨울에는 갑자기 연결부위에서 엄청나게 큰 소리가 난다는 점과 열전도율이 높아 보온 측면에서는 좋지 않다는 문제점이 있었다. 그는 "건물을 다 짓고 나서야 이런 사실을 알게 됐죠. 다시 건물을 지을 때는 지금보다는 훨씬 더 좋게 지을 수 있을 것 같은데… 정말 아쉽네요"라고 한숨을 내쉬었다.

이처럼 이곳의 사람들 대부분은 자신이 평소 꿈꾸던 드림 하우스를 가지고 있다. 그런데 그 꿈의 집들은 현실적인 문제를 제대로 검토하지 못한 상태에서 지나치게 이상만을 추구하다가 실제 건축과정에서 전문성이 무시된 경우가 많았다. 건축과정에 대한 세세한 부분의 감리를 소홀히 하거나 편의성 등을 제대로 고려하지 못한 상태로 지어진 것이다.

부실시공도 문제지만 기능상의 편의성이 문제가 되는 경우 다시 허물고 지을 수 없으므로 다른 사람에게 양도하는 편이 낫다.

다만 이렇게 특이하게 지어진 집들은 같은 취향의 사람을 만나기가 쉽지 않고 비슷한 취향을 가진 사람이라면 자기 취향대로 새롭게 건축하기를 희망하지 남이 지어놓은 집을 사려고 하지는 않는다는 점이 또 다른 어려움이다.

결국, 시세보다 아주 낮은 가격으로 거래하거나 불편을 감수하며 살아야 한다는 현실적인 문제가 도사리고 있다. 드림 하우스가 겉보기에는 멋지지만, 그 꿈을 제대로 이루기 위해서는 생각보다 많은 부분에서 신중하게 검토하고 접근해야 한다.

많은 이들이 꿈꾸는 전원주택에서 생활하는 경우에도 장단점은 존재한다. 우선 주변 환경이 도심보다는 자연 친화적이어서 좋다. 공기도 좋고 각박한 도시생활에 비해 여유로움이 느껴지는 생활을 즐길 수도 있다. 텃밭이나 별도의 소득원이 될 만한 일거리가 있다면 이를 유지하기 위한 적절한 노동도 할 수 있어 건강에도 도움이 된다. 유기농으로 재배한 먹거리로 식단을 꾸밀 수도 있어 생활비도 절약할 수 있다. 남자의 최고 로망이라고 하는 자기가 직접 자신의 집을 짓는 경험도 할 수 있다.

하지만 상대적인 어려움도 생각해 봐야 한다. 우선 근본적으로 시골생활에 적응할 수 있는지 조건들을 점검해야 한다. 한 번도 시골생활을 해보지 않았던 사람들이 막연한 환상이나 주변사람들의 권유로 시골생활을 시작하다가는 생각보다 적응하기가 쉽지 않다. 의식주와 관련된 모든 행위가 완전히 달라지기 때문이다.

물리적 환경은 행복의 조건 중 하나이다. 이는 주거환경과 관련된 여러 가지 주거 형태부터 인접 지역의 생활 인프라 등을 포함하는 개념이다. 이에 대한 만족도가 일상생활 만족도에 큰 영향을 미치기 때문이다.

쇼핑과 문화생활을 즐기던 삶에서 갑자기 웬만한 먹거리는 스스로 재배해서 식탁을 챙겨야 하고 문화생활은 대도시에 가야만 할 수 있으며 자주 만나던 친구들과의 모임은 거의 포기해야 한다고 생각해보라. 생활방식과 철학이 다른 새로운 사람들과 교류하고, 상대적으로 무뚝뚝해 보이고 불친절해 보이는 타지역 사람들과 관계를 형성하는 것도 쉽지만은 않다.

시골생활에 드는 경비에 대한 오해도 있다. 그중 가장 대표적인 것은 '시골생활이 도시생활보다 경비가 적게 들 것'이라고 하는 선입견이다. 가장 대표적으로 많은 비용이 드는 것은 난방비이다. 도시에서 난방비는 대부분 규모의 경제가 통용되는 효율성을 추구하는데 반해 시골의 전원주택들은 이런 혜택을 얻기가 힘들다. 우리나라는 사계절이 뚜렷하고 특히 겨울은 매우 추운데, 시골은 이런 추위를 극복하는 난방 방식이 특이하다. 대부분 온돌을 사용하는데 과거에는 화목으로 군불을 때는 방식이었지만 지금은 이런 곳이 많지 않다. 심야 전기를 쓰거나 가스난방 혹은 난로 등을 사용하는데 이 경비도 뜻밖에 많이 든다.

전원생활을 하는 유명인들이 방송에서 "시골생활에서 겪는 가장 큰 경제적 어려움이 난방비에요"라고 하는 것을 보면 이 문제의 심각성을 엿볼 수 있다. 화목도 과거처럼 아무 산에 가서 함부로 베어 올 수 있는 것이 아니고, 장작도 이미 만들어져 있는 것을 사서 배달받는 식이다. 유류비나 가스비도 만만치 않으며 이런 경비를 절감하기 위해 몇 벌씩 보온 내의를 입고 생활하는 공간만 제한적으로 난방하는 경우가 많다.

도심보다 소득원이 매우 제한적인 시골생활은 같은 금액의 지출이라면 도심에 비해 상대적으로 크게 느껴질 것이다. 이런 문제와 아울러 보안도 도심에 비해 상대적으로 취약하고 응급상황 발생 시 의료도움에 대한 내용도 같이 검토해 봐야 할 사안들이다.

물론 이런 시설이 다 갖추어진 곳도 있겠지만 그런 곳은 시골이라기보다는 도심에 가까운 곳이 대부분이다. 오히려 무늬만 전원생활일 뿐 도심에서 겪는 문제들도 거의 포함되는 경우가 많다. 그리고 전원주택도 주거용으로 사용할 것인지 아니면 별장처럼 활용할 것이지도 잘 판단해야 한다.

오죽하면 별장을 사면 가장 큰 혜택을 누리는 사람은 별장지기라는 말이 있을까? 주인은 비싼 돈 주고 사서 1년에 몇 번 못쓰고 별장지기는 1년 내내 그곳에 거주하며 월급까지 받아가며 혜택을 톡톡히 누리며 살기 때문이다.

이러한 상황들은 단지 꿈처럼 이상적인 상황을 재현하더라도 현실에서는 그만한 행복감을 얻기 어렵다는 교훈을 준다. 주거공간이 갖는 중요성에 대해 다시 한 번 생각해보고 현장에서 일어날 수 있는 다양한 문제들을 직접 경험해보자. 치밀한 계획과 준비 하에 진행하지 않으면 많은 상처만 안고 다시 시골을 떠날 수도 있다. 따라서 먼저 집을 짓거나 사지 말고 살고자 하는 동네의 빈집이나 월 · 전세 등으로 실제로 시골생활을 경험해 보고 결정하는 것도 시행착오를 줄이는 좋은 방법이다.

3
전원 생활도 하고
수입도 올리는 펜션 생활

더 잘하려고만 생각하지 마라.
다르게 생각하는 습관을 만들어라.
– 해리 벡위드

　　　　　　　　　　　　　많은 이들이 은퇴 후 전원생활
을 하면서 소득도 올리는 펜션사업에 대해 관심이 많다. 하지만
2012년 말 기준으로 전국에 1만 2,000여 곳의 펜션이 운영 중에
있으며 그중 상당수가 적자상태를 벗어나지 못하고 있다. 성공적
으로 운영되는 대부분의 펜션은 많은 투자와 고급시설이 뒷받침
되어야 대기업에서 운영하는 리조트 등과 경쟁할 수 있다.

　라디오 방송에서 은퇴 후 주거공간에 대해 상담한 날, 누군가가
사무실로 나를 찾아왔다.

　"오늘 방송 잘 들었습니다. 제가 강원도 평창에 은퇴 주거용으
로 펜션을 하나 산 게 있는데 이것을 좀 처분했으면 합니다. 혹시

소장님께서 도와주실 수 없을까요?"라고 하면서 등기부등본까지 들고 와서 상담을 요청했다.

"죄송합니다만 저는 공인중개사도 아니고 우리 연구소에서 이런 거래를 중개하는 곳도 아니라 곤란하군요"라고 양해를 구했더니 "물론 저도 알고 있습니다. 오죽 답답하면 제가 여기까지 왔겠습니까. 제 이야기를 좀 들어보시고 무언가 해법이라도 알려주시면 정말 감사하겠습니다"라고 통사정을 했다.

그는 서울에서 보석상을 운영하며 꽤 많은 돈을 모았는데 평창 동계올림픽 부지 인근에 좋은 매물이 있다는 말에 그만 넘어가고 말았다. 결혼식 예물 수요도 예전보다 줄었고 보석에 대한 사람들의 선호도가 떨어지면서 보석 산업에 대한 경기가 예전 같지 않아서 시골에 내려가서 펜션을 짓고 살겠다는 생각을 하게 된 것이다. 그 길로 토지를 사들이고 건물을 지어서 펜션사업을 시작했다.

그런데 같이 내려가서 살 줄 알았던 부인이 결사적으로 반대하는 바람에 자기 혼자 그곳을 오가면서 운영해야만 했다. 게다가 동계올림픽 유치가 지연되었고 스키장이 개장하는 겨울을 제외하고는 수입이 거의 없어, 자신이 운영하던 점포를 처분한 돈과 그동안 모아 두었던 돈 전부를 투자하고도 추가로 빚을 지고 있어 더 이상 버틸 재간이 없었다. 그래서 평창 동계올림픽 유치가 확정되었고 펜션 앞으로 새로운 도로가 뚫린다는 것을 잘 알면서도 급히 이 펜션을 처분해야 하는 상황까지 온 것이다.

비슷한 지역에서 펜션을 운영하는 다른 사람도 알고 있는데 그는 이 사례와는 많은 부분이 달랐다. 그는 평창이 고향인데 서울에서 학원을 운영하고 있다가 비슷한 시기에 평창으로 내려갔다. 그런데 토지 구매 방식부터 앞서 말한 경우와 달랐다. 우선 고향 친구들과 가족들을 통해서 급매로 나온 좋은 물건을 싸게 사들일 수 있었다.

펜션만으로는 경쟁력이 떨어질 것을 알고 집 주변 국유지를 임대해서 산삼을 재배하기로 했다. 그 역시 배우자와 가족들이 지방으로 같이 내려가기를 꺼려서 잘 아는 친척 동생 가족들에게 펜션의 운영을 맡기고 자신은 서울과 평창을 오가고 있었다. 그는 도시와 시골이 따로 떨어져서는 성공할 수 없다는 사실을 잘 이해하고 있었다. 펜션과 산삼밭은 평창에 있지만, 그 소비주체는 대부분 서울에 있기 때문에 도시와 시골 모두를 연계해 조화로운 활동을 강화했다.

우선 시골에서는 경로당을 찾아가서 자신이 다시 귀향했다는 것을 알렸고 매월 일정액의 금액을 경로당 운영비로 찬조하기로 하고 잔치를 벌였다. 그리고 그곳에서 가장 큰 고객이 될 수 있는 골프장에도 직접 찾아가 지역 특산품으로 용도를 설명하고 협조를 구했다. 서울에서는 자신이 직접 지인들과 평소 자녀의 교육 때문에 맡고 있던 학부모 모임과 학원 모임 등에서 펜션과 산삼을 홍보했다. 인터넷에서 파는 산삼 중에는 가짜가 많고 품질이 떨어져 소비자들로부터 신뢰를 얻기가 어렵다고 판단해 인터넷 판매는 아예 하지 않았다.

시골생활도 경제적인 부분이 해결되지 않으면 지속성을 담보할 수 없다. 따라서 전략적으로 접근해야 한다. 이렇게 마케팅 관점에서 생산자와 소비자까지 아우르는 전체적인 유통망을 갖추지 않으면 성공하기가 힘들다.

"그냥 다 때려치우고 시골에 가서 펜션이나 하며 지내겠다"라며 계획없이 감정만 앞서 펜션사업을 벌여서는 절대로 안 된다. 그러기보다는 자신의 취미와 연계해서 실질적으로 소득을 얻을 수 있도록 충분한 고민과 치밀한 계획이 필요하다는 사실을 명심하자.

4

은퇴 후 시간은 무궁무진하다

자신에게 물어봐라. 만약 모든 직업이 한 시간에 2달러만 지급된다면,
무슨 일을 하고 싶은지. 그 질문에 대답하는 순간 떠오르는
첫 번째 것이 무급이라 하더라도 그 일을 시작하라.
– 그레그 알드릭

젊어서는 돈에 시달리고 나이
가 들어가면서는 시간에 부대끼며 산다. 다시 말해 젊은 날에는
돈이 부족해서 힘들었다면, 나이가 들어서는 주체하기 힘들 정도
로 시간이 많다는 사실에 힘들어한다.

일반적으로 많은 사람들이 은퇴 전의 고달픔을 은퇴 후 보상받
으려 한다. 골프를 실컷 치고 해외여행도 충분히 다니고 편안하게
지내겠다고 막연한 은퇴 후 계획을 세운다. 그러나 과연 실제로
이런 것들을 얼마나 이룰 수 있을까? 현실적으로 한번 생각해 보
자. 은퇴 전에 이런 일을 하는 데 장애가 되었던 것들은 은퇴 후에
도 또 다른 장애로 등장하게 된다.

우선 시간에 대해서 생각해 보자. 은퇴 전에는 이런 여가를 보내는 데 시간이 없어서 문제라고 한다. 하지만 앞서 말했듯 은퇴 후에는 오히려 여가만으로 시간 대부분을 보내기에는 시간이 너무 많아 큰 장애가 된다. 아직도 은퇴를 앞둔 50~60대들을 만나 보면 아무것도 하지 않고 편안히 지내는 것이 은퇴생활 전부라고 믿는 사람들이 대단히 많다.

60세에 은퇴해 90세까지 생존한다면 30년이라는 노후생활이 주어진다. 이것은 1,560주, 즉 26만 2,800시간이라는 어마어마한 기간이다. 이 중 3분의 1은 자면서 보낸다고 치자. 하지만 나머지 시간에는 무엇이라도 해야 한다. 이 많은 시간을 그저 즐기기만 하면서 보낸다는 것이 현실적으로 가능할까? 매일 놀면서 지내면 환상적일 것 같은가? 그렇다면 주간 시간표를 한번 작성해 보라.

일주일 동안의 시간표를 은퇴 전과 후에 각각 작성해 보라. 은퇴 전 시간표는 다 적을 수 없을 만큼 많은 일들로 가득 찰 것이다. 그러나 은퇴 후 시간표는 의미 있는 활동으로 다 채우는 경우를 별로 보지 못했다. 어떤 사람이 멋진 시간표를 짰다고 해서 봤더니 4일은 놀러 다니고 나머지 3일은 쉬는 것으로 세워놓은 것이다. 대부분의 사람들에게는 4일 놀고 3일 쉬는 시간표가 멋지다고 하는 환상이 있다. 정말 일주일 내내 이렇게 놀면서 30년을 보낼 수 있을까?

최근 조사에 의하면 은퇴 후 새로운 일을 찾는 대부분의 사람들이 '자신의 존재감을 확인받기 위해서 보수에 상관없이 무슨 일이든 하려고 새로운 일을 시작하는 경우가 많다'고 한다. 이는 은퇴 후 보내야 할 시간이 어떻게 구성돼야 하는가에 대해 시사하는 점이 크다.

효과적으로 시간을 보낼 방법으로는 연령대별로 희망하는 은퇴생활을 그려보는 것이 좋다. 자신의 신체적 · 정신적 건강상태를 고려해서 연령대별로 가능한 시나리오를 작성해 보는 것이다.

지금까지 은퇴와 관련해서 생각해온 라이프스테이지(Life Stage)는 일반적으로 3단계로 구성돼 있다. 부모님으로부터 돌봄을 받는 어린 시절과 가족의 생계를 위해 열심히 일하는 장년기, 그리고 레저를 즐기며 여생을 편안히 보내는 은퇴시기이다.

그러나 평균수명이 80세를 넘어서고 은퇴한 이후 건강상태가 매우 양호하여 은퇴기간도 길어지고 있는 현시점에서는 과거와는 다른 새로운 인생영역이 주어진다. 그것이 바로 서드(3rd) 에이지라고 하는 새로운 기간이다. 윌리엄 새들러(William Thomas Sadler)가 주장한 이 시기는 수명이 연장되며 40세부터 70세까지 30년 정도의 기간이 보너스로 주어진다는 것이다.

이 시기는 모든 활동에서 물러나 황혼의 시기를 보내는 과거의 은퇴개념보다는 건강하고 활동적으로 무언가 새롭게 배우고 적절한 일과 레저로 조화롭게 생활을 운영하는 시기로 정의한다. 적절한 학습과 레저, 그리고 소득이 있는 활동들로 시간표를 채우고 그 일도 자신의 가치를 느낄 수 있도록 자존감을 높이는 활동들로 구성할 필요가 있다.

멋지게 노는 것보다는 의미 있게 사는 것이 더 중요한 것이 은퇴기간이다. 한 친구의 아는 형은 50대 후반에 그룹사의 임원으로 퇴직해 지금 60대 초반이다. 어느 날 친구와 술자리를 같이하게 된 그는 친구를 붙잡고 하소연을 시작했다.

"퇴직하면서 한동안 여행도 다니고 푹 쉬었지. 그러고 나서 일자리도 알아보고 이것저것 사업구상도 해봤는데 쉽지 않더군. 그냥 노는 것도 하루 이틀이지, 그렇게 몇 년을 보내니 이젠 정말 뭐라도 해야 하겠더라고. 별로 내키지는 않지만, 아파트 경비라도 하려고 몇 군데 이력서를 냈는데 다들 내가 자격이 안 된다고 하네. 알고 보니 기업 임원 출신인 것이 오히려 마이너스였지 뭔가. 경비원의 역할과 내 이미지가 잘 맞지 않는다나. 게다가 나와 비슷한 경력자들을 뽑았다가 입주민과 마찰을 일으킨 경우도 많았다고 그러더군."

애기를 마친 후 그는 "경비 일조차 할 수 없다면 남은 내 인생은 무엇을 하며 지내야 할까? 마치 용도 폐기된 물건 같은 참담한 심정이네"라며 눈시울을 붉혔다고 한다.

화성에 있는 한 노인대학에 강의하러 갔을 때의 일이다. 맨 앞자리에 앉아서 열심히 강의를 듣던 참석자가 있었다. 수업이 끝나자 내게 명함을 주면서 이야기를 꺼냈다. 교장 선생님으로 정년퇴직한 후 신학교를 나와 지금은 목사라며 자신을 소개했다.

그는 "교사 정년퇴임을 마지막으로 제 일생을 마치기에는 너무나 아쉬운 마음이 들었지요. 무엇보다도 세상에 빛과 소금의 역할을 꼭 하고 싶었습니다. 목사가 된 지금은 하루하루 삶이 정말 즐겁습니다"라고 말씀하셨다.

내가 현직으로 근무할 때 사장이었던 한 분은 계열사인 우리나라 최대의 서점으로 자리를 옮겨 사장으로 재직 중 뜻한 바가 있어 퇴직하게 되었다. 그 역시 신학교를 마치고 목사가 된 후 지금은 강릉에서 대안학교를 운영하고 있다.

내가 아는 열혈 여성 중에는 〈노년신문〉의 기자로 활동하고 있는 나이 지긋한 분도 있고, 남자들에게도 무거운 2개의 카메라를 둘러메고 일출과 일몰 지역을 바쁘게 다니며 좋은 풍경장면을 취재하던 인터넷 신문의 시민기자도 있다.

한 선배는 시골에서 너무 가난해 학교에 다닐 수 없어 무작정 상경한 후 버스 안내원부터 시작해 독학으로 대학까지 마쳤다. 중견 기업을 일구며 성공한 그는 고향에 경로당을 지어주고 장학생을 선발해 정기적인 장학금을 지급하며, 방황하는 청소년을 위한 시설까지 세웠다. 장학금으로 대학을 졸업한 장학생들과 매년 갖는 정기모임은 그의 인생에서 가장 큰 즐거움 중 하나라고 말한다.

한 지인은 우연한 기회에 바이올린 제작에 흥미를 느껴 잘 다니던 직장을 나왔다. 공방에서 장인에게 바이올린 제작기법을 익혀 악기 제작과 수리로 생계를 이어가던 중 소문을 듣고 유명 연주가가 찾아왔다. 악기 수리를 맡기면서 "어디서 수리를 배웠습니까?"라고 질문해서 "비록 학위나 유학 경험은 없지만, 수리 실력만큼은 최고라고 자부합니다"라고 했다. 그랬더니 "이 악기가 워낙 고가여서요.… 죄송하지만 수리를 맡길 수가 없겠군요"라며 악기를 도로 가져가 버렸다. 이런 일을 계기로 곰곰이 고민하다가 지인은 악기 수리를 전문적으로 배우기 위해 독일로 유학을 떠나기로 했다.

결혼해서 가정을 이루고 있던 그는 가족들에게 상황을 이야기하며 생활비는 벌어 놓은 것으로 쓰라고 하고 자신은 알아서 학교를 마치겠다고 말했다. 독일로 건너가 그곳에서 거주하고 있던 친척 누나의 도움을 받아가며 정말 어렵게 악기 제작과 수리법을 배워왔다. 점차 그의 실력이 알려졌고 지금은 우리나라의 세계적인 현악 연주자들이 악기 수리와 관리를 맡기는 유명한 장인이 되었다. 어느 정도 기반을 잡은 그는 지금 유망한 기대주들에게 자신이 보유한 명기들을 연주회에 무료로 사용할 수 있게 해주고 있다. 그뿐만 아니라 시골의 가난한 연주자를 발굴해 좋은 스승들에게 사사 받을 수 있도록 연결하고 경비나 장학금을 지원하고 있다. 그의 사무실을 방문해 보면 전국 각지에서 수많은 음악 학도들이 악기 수리나 교습 도움을 받기 위해 그를 찾는다. 재정이 넉넉지 못해 악기 구매를 망설이는 지방 학교에는 염가로 악기를 공급하는 일까지 하고 있다.

외국인들에게 영어로 첨성대를 소개하던 백발의 문화관광해설사, 선혈이 뚝뚝 흐르는 듯 붉디붉은 선암사의 동백꽃 군락을 소개하던 노년의 신사도 제2의 인생을 의미 있는 삶으로 채우기 위해 변신한 이들이었다.

'화향천리행 인덕만년훈(花香千里行 人德萬年薰)'이라고 하는 중국 시인의 말처럼, 천 리를 가는 꽃향기보다 만 년 동안 향기로울 수 있는 덕을 베푸는 삶이 되도록 은퇴 후 생활을 설계하고 실천해보면 어떨까?

5

진지한 여가를 보내라

진정한 여가를 즐기는 사람이
그의 영혼의 재산을 늘리는 시간을 갖는 사람이다.
- 헨리 데이비드 소로

은퇴기간은 은퇴생활 전체를
관통하는 가장 큰 변수이다. 은퇴 후 많은 여가를 어떻게 효과적
으로 보낼 것인가? 그리고 이 시간을 어떻게 하면 행복하게 만들
수 있을까?

우선 여가활동은 긍정적인 기분을 유발하는 직접적인 효과를
지닌다. 또 여가활동을 통해서 내재적 욕구를 충족시킬 수 있고
대인관계가 촉진되며 개인의 정체감 형성에도 도움이 된다. 멋진
여가활동에 대한 답을 찾고 싶다면 진지한 여가라는 개념에 주목
해 볼 필요가 있다.

진지한 여가(Serious Leisure)란 세계적 여가학자인 캐나다 캘거리
대의 석좌교수로 재직 중인 로버트 스테빈스(Stebbins) 교수가 1970
년대 후반 처음으로 제시한 개념이다. 산업사회에서 후기산업사
회로 진입하는 과정에서 개인의 삶과 사회에서 여가가 차지하는
비중이 증가하는 현상을 강조하기 위해 등장한 개념이다.

여가를 일상적 여가와 프로젝트형 여가, 진지한 여가로 구분하
면서 그중 진지한 여가의 중요성을 강조하고 있다. 일상적 여가란
즐기기 위해 어떤 특수한 훈련을 받을 필요가 없으며 직접적이고
내재적인 보상이 따르는, 상대적으로 짧고 즐거운 핵심 활동이다.
텔레비전 보기, 낮잠, 섹스, 친구와의 사교적인 대화, 아름다운 경
치 감상, 술 마시기 등이 이에 해당한다.

프로젝트형 여가는 일회적 또는 한때 즐기는 여가를 말한다. 생
일파티, 결혼식, 환갑잔치, 박물관 특별 전시 관람 등이 이에 해당
한다.

진지한 여가란 특수한 기술·지식·경험을 통해 이를 표출함으
로써 참여자가 경력을 쌓아가고 성취감을 느낄 수 있는 체계적인
활동이다. 돈과 시간을 적지 않게 투자해야 하는 경우가 많고, 몰
입의 정도가 높다. 이러한 진지한 여가는 세부적으로 아마추어형,
취미활동형, 자원봉사형 등 세 가지로 분류된다.

일상적 여가는 해당 여가를 즐기기 위한 노력이 크게 요구되지 않기 때문에 단순하고 짧은 즐거움에 초점이 맞추어져 있다. 반면에 진지한 여가는 일정한 노력과 난관을 극복함으로써 발생할 수 있는 장시간 지속하는 만족감에 초점이 맞추어져 있다.

진지한 여가는 전통사회가 지니고 있던 사회 공동체의 결속력이 쇠퇴해가는 새로운 사회 · 문화적 상황에 대한 반발 작용이라고 해석할 수 있다. 산업화 시대에는 사람들이 일을 통해 삶의 가치와 의미를 얻었지만, 탈산업화 시대에 들어서는 여가를 통해 삶의 의미와 사회적 소통을 추구하는 현상이 나타나고 있다. 직업이 개인의 삶에서 차지하는 비중이 쇠퇴하면서 공동체 의식이나 자아정체성을 찾는 수단으로 여가가 등장한 것이다.

진지한 여가 활동들은 해당 여가와 관련된 하위문화 공동체의 발달로 인해 사회 전체의 결속을 강화시키는 데 이바지한다. 개인적 차원에서 진지한 여가는 참여자가 일상을 영위하는 데 큰 영향을 미치는 활동이다. 참여자에게 개인의 정체성을 찾을 수 있게 해 주고, 지속적인 만족감, 사회화, 대안적 삶의 방식을 제공해 주기 때문이다. 다른 여러 여가 연구자들이 공통으로 제시하고 있는 진지한 여가의 기본적인 특징은 여섯 가지로 구분할 수 있다.

첫 번째, 진지한 여가에 참여하는 사람들은 해당 여가활동과 자신을 동일시하는 경향을 보인다. 진지한 여가가 개인의 삶에서 차지하는 비중이 크기 때문에 참여자들은 종종 자신이 즐기고 있는 진지한 여가활동에 대해 자랑스럽게 밝히고 개인의 정체성도 그 여가를 중심으로 형성되는 경우가 빈번하다.

두 번째, 참여자의 노력과 관련이 있다. 진지한 여가를 즐기기 위해서 참여자는 많은 시간과 돈을 포함한 개인적 노력을 기울이게 되며, 이러한 노력의 결과로 해당 여가활동과 관련한 특별한 지식과 기술을 습득하게 된다.

세 번째, 진지한 여가는 그러한 개인적 노력의 하나로 참여자가 여가활동을 지속하는 과정에서 발생하는 여러 난관을 끈기 있게 극복해 나가는 과정이 요구된다.

네 번째, 진지한 여가에 참여하는 사람들은 많은 노력을 기울이고 난관을 극복해 나가면서 해당 여가와 관련해 장기적인 경력을 쌓아나가게 된다. 일반적으로 진지한 여가에서 발견되는 여가경력의 과정은 시작 – 발전 – 정착 – 유지 – 쇠퇴라는 다섯 가지 단계로 이루어진다.

다섯 번째, 진지한 여가에 참여하는 개인은 여가활동을 통해 여덟 가지의 영속성 있는 혜택, 즉 자아실현, 자기 충만감, 자기표현, 자신의 재발견, 성취감, 자아 이미지 향상, 소속감, 사회적 교류확대, 실제적 물건획득 등을 얻을 수 있다.

마지막으로, 진지한 여가 참여자들은 해당 여가활동과 관련해 다른 참여자들과 지속적인 사회교류를 통해 그들만의 독특한 정서를 형성한다.

진지한 여가는 참여하는 여가의 범주에 따라 아마추어, 취미활동, 전문적 자원 봉사활동 등 세 가지로 분류될 수 있다.

첫째, 아마추어는 예술, 스포츠, 과학, 오락과 같은 분야에 관여하는 직업적 참여자들과 대비되는 개념이다. 아마추어는 대중과 전문가의 중간단계에 위치하는 것으로 전문가는 해당 활동을 통해서 수익을 창출하는 것을 목적으로 한다. 아마추어들은 수익창출이 목적이 아닌 여가선용 차원에서 활동을 지속한다는 점에서 차이가 있다. 종종 아마추어가 일정한 과정을 거쳐 직업적 참여자로 전환되기도 하지만 그러한 시점에서는 더는 진지한 여가활동이 아닌 직업으로 간주한다.

둘째, 취미활동은 아마추어와는 달리 직업적 참여자가 존재하지 않거나, 존재하더라도 극히 미미한 수준에 머물러 있는 여가활동을 지칭한다. 현재까지 나타난 진지한 여가로서 취미활동의 대표적인 유형은 수집가, 메이커, 비경쟁적 활동 참여자, 경쟁적 활동 참여자, 교양활동 참여자 등으로 구분되고 있다.

마지막으로, 전문적 자원봉사 활동은 금전적 보수나 강압에 의해서가 아닌 자발적인 도움을 제공하고자 하는 내적 동기에 의해 유발되어 하는 봉사활동을 의미하는 것이다. 진지한 여가 관점에서 살펴보면 참여자가 특정한 대상과 활동을 통한 자원봉사를 통해 일정한 전문성을 추구하는 형태를 지칭한다. 진지한 여가로서 전문적 자원봉사 활동은 교육, 건강, 종교, 정치, 안전, 예술, 레크리에이션과 같은 영역 등을 포함해서 적어도 열여섯 가지의 분야에 분포하고 있다. 그런데 문제는 이런 분야의 어떤 것이 자신과 맞느냐 하는 것이다.

많은 이들이 "내가 좋아하는 것을 해야 하는 것은 알겠는데, 무엇을 좋아하는지 모르겠다"고 한다. 그럴 경우에는 먼저 관심이 가는 분야에 입문해 보는 것이 좋다. 아무것도 해보지 않고서는 자신이 무엇을 좋아하는지 알 수는 없다. 관심 있다고 해서 다 잘할 수 있는 것도 아니다. 평소 관찰하던 것과 실제 행동하는 것 사이에는 차이가 있을 수 있기 때문이다. 보는 것과 하는 것이 다를 수 있고 보기보다 실행에서 여러 가지 장애가 있을 수도 있다. 실행과정에서 얻어지는 성취감은 보는 것만으로는 도저히 알 수 없는 경우들도 많다.

그런데 여러 가지를 해보라고 하면 그런 것에 관심을 기울이기에는 도무지 시간이 없다는 사람이 많다. 누구에게나 하루 24시간과 일주일 168시간은 동등하게 주어진다. 그런데 어떤 사람은 그 시간 동안 남들보다 세네 가지 일들을 훌륭하게 해내고, 또 어떤 사람은 매일 하고 있는 일상적인 일조차도 허덕이며 지낸다. 시간을 효율적으로 사용하면 충분히 해낼 수 있다.

지금과 다른 결과를 만들려고 한다면 지금 하고 있는 것 중 무언가는 희생될 수밖에 없다. 잠을 줄이든지 인터넷 서핑을 줄이든지 소파에 뒹구는 시간을 줄이든지 해야 자기계발에 시간을 투자하고 새로운 호기심을 향해 탐험을 시작할 수 있다.

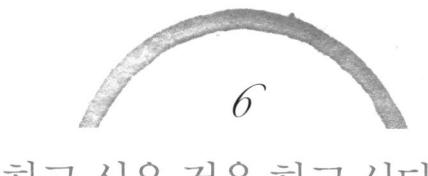

6
하고 싶은 것을 하고 산다고
다 행복할까?

나는 내가 생각하기 원하는 것을 생각하고, 걷고 싶은 거리를 걷고,
읽기 원하는 책들과 보고 싶은 친구들을 만나기에 하루하루가 여전히 짧다.
— 존 버로

영화제 시상식에서 감동적인
소감을 발표해 사람들로부터 사랑받는 배우가 있다. 시상식에서
진부하고 일상적인 소감으로 일관함으로써 축제 분위기를 망치고
가식적인 얘기를 듣는 지루함을 이 소감 한 방으로 날려버린 멋진
배우이다. 바로 배우 황정민 씨다.

다음은 2005년 제26회 청룡영화상 시상식에서 〈너는 내 운명〉
으로 남우주연상을 받은 그의 수상소감이다.

"나에게도 이런 좋은 상의 기회가 오는군요. 항상 마음속에서
생각하고 겉으로 표현하지 못했는데 하나님께 제일 감사드립니

다. 사람들에게 일개 배우 나부랭이라고 나를 소개합니다. 육십여 명의 스태프들이 차려놓은 밥상에서 나는 그저 맛있게 먹기만 하면 되기 때문입니다. 저만 스포트라이트를 받아 죄송합니다. 저는 트로피의 여자 발가락 몇 개만 떼어가도 좋을 것 같습니다. 그리고 항상 제 옆에 있는 것만으로도 저를 설레게 하고, 현장에서 열심히 할 수 있게 해준 전도연 씨에게 감사드립니다. 마지막으로 우리 가족과 사랑하는 동생과 조카와 지금 지방에서 열심히 공연하고 있는 '황정민의 운명'인 집사람에게 이 상을 바칩니다. 열심히 하겠습니다."

1990년, 재수생이던 그는 〈장군의 아들〉 오디션을 통해 데뷔해 10여 년 무명 단역 시절을 거쳐 처음으로 큰 역할을 맡게 된 영화가 〈와이키키 브라더스〉였다. 고등학교 시절 밴드부에서 만난 친구들의 인생사를 그린 작품이었는데 개봉 당시에는 그저 그런 배우라는 기억밖에 나지 않았다.

하지만 후에 그가 큰 배우로 성장하고 나서 과거 역할을 상기시키는 화면에서 그를 발견하고 '아하! 저 배우가 저 역할도 했구나!'하고 생각하게 되었다. 그런데 이 배우가 현재의 대배우로 성장하는 데에 기반이 되었던 이 영화는 흥행에서 큰 성공을 거두지는 못했지만, 나에게는 참 여운이 남았다. 대략의 줄거리는 다음과 같다.

나이트클럽에서 연주하는 남성 4인조 밴드 '와이키키 브라더스'는 불경기로 한곳에 정착하지 못한 채 출장밴드로 곳곳을 전전한다. 팀의 리더 성우는 고교 졸업 후 한 번도 찾지 않았던 고향, 수안보의 와이키키 호텔에 일자리를 얻어 팀원들과 귀향한다. 수안보로 가던 중 색소폰 연주자 현구는 밤무대 밴드 생활에 희망을 버리고 아내와 자식이 있는 부산으로 내려간다.

　수안보에 도착한 성우는 고교 시절 음악에 미쳐 밴드를 하며 꿈을 나눴던 친구들과 재회한다. 그러나 음악에 대한 열정으로 순수했던 친구들은 어느새 생활에 찌들어 있었다. 약국을 하는 민수는 돈이 인생의 목표가 되어 있었고, 시청 건축과에 근무하는 수철은 환경운동가가 된 인기와 시위가 있을 때마다 마찰을 겪으며 불편한 관계에 놓여 있었다. 성우에게 음악의 지표였던 음악학원 원장은 알콜 중독에 빠져 출장밴드를 하는 폐인의 모습으로 변해 있었다. 성우의 첫사랑이었던 인희는 남편과 사별하고 트럭 야채 장사를 하며 억척스럽게 살고 있었다. 성우는 어린 시절의 꿈과 사랑을 되새기며 이들의 변화에 서글픔을 느끼게 된다.

　자신의 꿈을 좇아 살아온 한 사람과 그 꿈을 잃어버리고 현실에 타협한 일반인들의 모습이 적나라하게 그려진 영화였다. 그렇지만 이들 중 어린 시절의 꿈을 따라 자신이 좋아하는 일을 하는 유일한 사람이었던 성우의 삶은 꿈을 포기한 다른 세 친구에 비해 특별히 나아 보이지 않는다. 꿈을 포기하고 새로운 길을 떠났던 친구들이 꿈에 대한 아쉬움을 느끼는 데 반해, 성우는 그렇지 않다는 것을 제외하고는 오히려 현실적으로 더 행복하다고는 할 수 없어 보인다. 그 점이 이 영화를 오래 기억하게 만든 요인이었다.

이처럼 좋아하는 것을 한다고 모두 행복으로 연결되지는 않는다. 우리는 인생에서 중요한 의사 결정을 할 때 자신이 좋아하는 것을 하는 것이 더 행복할 것이라는 명제를 가지고 고민한다. 대부분의 경우 좋아하는 것을 하는 것이 좀 더 좋은 결과를 가져오기는 하겠지만 그렇다고 해서 모든 경우에 성립하는 것은 아니다. 더구나 인생의 후반부에 자신의 결정권이 커졌을 때 하는 선택은 때에 따라서 큰 문제를 유발하기도 한다.

연극배우 강태기 씨가 63세의 나이로 자신의 아파트에서 숨진 채 발견됐다. 가족이 신고했을 당시 그는 작은방 침대 위에 옆으로 누워 있었으며 주변에선 마시다 만 소주병이 발견됐다. 유족들은 2007년 이혼한 그가 지인에게 사기를 당한 뒤 1년여 간 외부와 연락을 끊고 지냈다고 한다.

서울연극학교를 졸업한 그는 1967년, TBC 공채 탤런트 6기로 배우 활동을 시작, 여러 편의 영화에도 출연했다. 그가 대중에게 강렬하게 각인된 때는 1975년, 서울 운니동 극단 실험극장의 소극장 개막 공연에서다. 극장 개관작이자 연극 데뷔작 〈에쿠우스〉에서 그는 예민한 감성을 지닌 청년 '알런' 역을 맡았다. 이 작품으로 그해 백상연극영화상에서 신인상을 받았다. 이런 그의 불행한 죽음을 계기로 연극인들의 현실적인 삶이 조명되었다.

연극배우로서 나이를 먹는다는 것이 참 힘들다는 것을 보여주는 단적인 사례가 있다. 60대 이후 배우의 70~80퍼센트가 일이 없어 놀고 있고 극단에서 특별공연할 때 잠깐 무대에 서는 것이 고작이라고 한다. 젊은 배우들도 생계유지를 위해 밤에는 도시가스 배관 일이나 막일꾼으로 일해야 하며, 나이 든 사람은 자리가 서서히 없어져 일자리가 더 줄어든다. 연극 연출자의 대부분을 차지하고 있는 30대들은 50대 이후의 배우를 기용하는 것이 부담스럽기 때문이다. 적은 금액이지만 상대적으로 젊은 연기자에 비해 부담이 되는 출연료도 나이든 배우를 기용하는 장애 요소가 된다.

연극배우들의 연간 평균수입이 436만 원으로 월 36만 원 정도라고 한다. 최소 생계비에도 턱없이 모자라는 금액이다. 경제인으로서 능력을 논하기조차 힘든 상황에 있지만 이들은 연극을 하지 않으면 죽을 것 같을 만큼 그 일이 좋아서 계속하고 있다고 한다. 좋아하는 일을 하지만 그 일을 유지하는 데 따른 현실적인 어려움에 대해 대비하지 않으면 안 된다. 본인은 보람을 얻을 수 있을지 모르지만, 자신을 의지하는 식솔들의 동조를 이끌어낸다는 것은 또 다른 차원의 일이다.

영화를 좋아하던 한 사람이 있었다. 젊어서는 배우가 되고 싶었지만 부모의 반대로 꿈을 이루지 못했고 대학교수가 되었다. 평생 학자로 살았지만 영화에 대한 미련이 남아 있어서 다른 방법으로 꿈을 이뤄보고자 했다.

서울 외곽에 건물을 지어서 지하에 250석 규모의 극장을 만들고 위층은 카페로 사용하기로 했다. 가끔 영화관은 공연장으로 임대되기도 하지만 애초에 극장은 상업적 공간이 아니었다. 그래서 일주일에 한 번 주위에 영화를 좋아하는 사람들을 초대해 무료로 예술영화를 상영하는 형태로 운영하고 있다.

그런데 이 건물을 지으면서 문제가 발생했다. 예상보다 건축기간이 길어져 공사비가 많이 들어갔고 지어진 건물에도 하자가 생겨 준공검사를 받고 오픈하기까지 많은 시간이 소요되었다. 그동안 모아 놓은 돈으로 건축하겠다던 당초 계획은 수포로 돌아갔고 모자라는 돈을 충당하기 위해 대출까지 받아야 했다. 어려서부터 꿈꾸던 극장은 갖게 되었지만, 행복감은 일주일에 한 번 10여 명에서 많게는 20여 명이 참석하는 무료 상영시간에 그들과 영화를 관람하며 느끼는 즐거움 정도이다.

우리가 좋아하는 것을 한다고 했을 때 그것을 유지하는 데에 필요한 현실적인 문제들을 검토하지 않으면 이와 유사한 사례들이 일어나기 쉽다. 전원생활이 좋을 것 같다고 무작정 시골로 내려가서 택지를 사들인 후, 채 건물도 짓지 못하고 있거나 건물을 지은 후에도 농촌에 적응하지 못하고 다시 귀경해 집을 처분하지도 못하고 힘들어하는 일들이 너무 많다.

일관성의 법칙이 있다. 한번 좋아하게 되면 그것에 대해 지속적으로 좋아하려고 자신을 합리화시키며 같은 상황에 대해서도 될 수 있으면 좋은 면으로 해석하려고 하는 경향을 말한다. 우리가 연애를 하게 되면 그전까지는 모르던 사람이 가장 가까운 사람으로 되는 것과 같은 이치이다. 눈에 무언가 씌었다고 표현하게 되는데 우리의 일상에도 이런 현상들이 자주 발생한다. 좋아하는 것들에 대해서는 나쁜 점보다 좋은 점만 보게 되고 냉정한 판단이 어려워진다.

퇴직 후 인생 후반부의 선택에서도 이런 오류를 범하기 쉽다. 될 수 있으면 좋아하는 것을 하는 것이 바람직하지만, 현실적인 문제는 정확히 짚어볼 필요가 있다. 그중 가장 중요한 것이 가족들의 동의와 경제적인 문제에 대한 고려이다.

우선 가족의 동의는 일을 추진해 가는 동안 격려와 지지를 통해 심리적 안정감을 얻기 위해서 반드시 필요하다. 경제적인 문제에 대한 고려는 목표의 지속성에 대한 현실적인 검토 측면에서도 해야 한다. 이러한 요소들에 대해 긍정적인 판단이 선 이후 행동하는 것이 바람직하다.

한 친구는 회사에 다니는 동안 잘 풀리지 않았다. 신입사원 연수회에서 기타를 메고 나와 정말 멋진 연주와 노래를 들려주었던 그 친구는 대학가요제 입상자였다. 회사생활은 노래만 잘해서 되는 것은 아니었다. 그는 회식장소에서 노래는 잘 불렀지만, 일상으로 돌아오면 예술가 기질이 있어 기분파인데다 규칙적인 활동에 적응을 잘하지 못해서 좋은 인사고과를 받지 못했다.

정년을 몇 년 앞두고 직장을 그만둔 그는 가족들과 떨어져 강원도에 사둔 작은 텃밭이 딸린 시골집으로 내려갔다. 거기서 생식을 하며 지내던 친구는 우연히 치악산 근처의 한 카페를 알게 되었고 거기서 노래를 부를 수 있게 되었다.

그러다가 주인이 카페를 할 수 없는 상황이 되어 그 가게를 내놓았고 이 친구가 아주 좋은 조건으로 인수했다. 직접 노래를 부르며 서빙까지 하는 카페 사장이 된 것이다. 주변에 있는 비슷한 활동을 하는 친구들을 모아 악단을 구성했고 지방 방송국에서 하는 경연대회에도 참석하는 등 일대에서 꽤 유명한 인사가 되었다. 지역 행사에 초대돼 공연하기도 하자 카페 손님도 꽤 늘었다.

하고 싶었던 노래를 하며 생계도 유지하는 좋은 방법을 찾게 된 것이다. 그는 입사 당시 노래를 부르며 자랑스러워하던 행복한 20대 모습처럼 하루하루를 즐기고 있다. 처음 강원도로 갈 때 크게 반대하던 식구들로부터도 지금은 적극적으로 지지를 받고 있다고 하니 얼마나 행복한 은퇴생활인가.

7

백수의 최고봉,
마포불백은 되지 말자

사람들은 은퇴했을 경우 더 바빠진다고 말하지만, 내 경우는 그렇지 않다.
그들은 매우 힘든 일을 하지 않았음이 틀림없다.
— 스노드그래스

                    퇴직하고 무료하게 지내는 사
람들은 대개 백수 대열에 합류한다. 퇴직 후 얼마 동안은 정말 바
쁘다. 한 번쯤 그동안 못하던 부부동반 여행도 다녀오고 못 만나
던 친구들과 어울려 취미 활동에 빠지기도 하며 동창회 모임에도
얼굴을 내민다.

의무감에서 해방된 듯한 자유로움을 느끼면서 나름대로 꿈꾸던
이상적인 삶으로의 접근을 시도한다. 이때 가장 많이 듣는 말인
'백수가 과로사 한다'는 말에 동의를 표하며 만나는 사람마다 자
신이 아주 바쁜 사람임을 강조한다. 하지만 그런 것도 잠시일 뿐,
직장을 다니는 동안 바쁜 것과는 차이가 있다는 사실을 얼마 지나

지 않아 알게 된다.

직장을 다닐 때는 열심히 살면 성과가 보이고 금전적인 이익도 생기게 마련이다. 그에 반해 퇴직하게 되면 아무리 바빠도 소득이 늘기는커녕 오히려 지출만 늘고 삶의 만족감이 채워지지 않은 채 공허감만 커진다.

모 증권사에서 오랫동안 CEO를 하다가 퇴직한 분이 퇴직 후 하고 싶었던 사진을 찍겠다고 모임에 왔다. "그동안 회사 일이 너무 바빠 다니고 싶었던 출사활동을 할 엄두를 못 냈지요. 이제부터는 그토록 다니고 싶었던 출사활동을 열심히 해보려고 합니다. 요즘 시간이 많아 참 좋네요"라고 소감을 말했다.

그러나 그분은 1년이 지나도 회비만 내고 정기 모임에 나타나지 않았다. 모처럼 출사에 참석한 그는 그동안 사람들 만나느라 바빠 지내느라고 모임에 못 나왔다고 해명했다. 그러면서 하는 말이, "한 1년 동안 사람들을 만나다 보니 그 시간이 정말 아깝더라구요"라는 것이었다.

같이 골프도 치고 술도 마시는 사람들에게 처음에는 고마운 마음이 들었지만 한 1년 정도 지나다 보니 퇴직 직후 보인 태도와는 달리 이제는 자신을 귀찮아하고 동정하는 태도와 눈빛을 보였다고 한다. 그는 "이제는 정말 안 되겠습니다. 일주일 내내 치던 골프 때문에 팔꿈치도 아프고 술도 너무 많이 먹어서 오히려 속병까지 생겼지 뭡니까. 이제부터는 그런 모임은 최대한 줄이고, 좋아하는 사진이나 열심히 찍으렵니다"라고 말했다.

이처럼 대부분의 퇴직자는 퇴직 후 얼마 가지 않아 이런 일련의 활동에서 이상과 현실의 차이가 존재한다는 사실을 알게 된다. 자신이 일상에 얽매여 가끔씩 참여하며 동경했던 모임에 가도 많은 참여자들이 항상 자신을 위해 대기하고 있는 것은 아니다. 그들 역시 일상의 삶이 따로 있으며 필요할 때마다 그런 모임에 참석할 따름이다. 그들 중 아주 열성적인 몇몇은 모임에 삶의 모든 것을 걸다시피 하면서, 이 모임에 호기심을 나타내는 신입회원들에게 사냥꾼처럼 접근한다는 것을 알게 되면 모임 자체에 두려움까지 생긴다.

어떤 모임이든 자신의 존재감을 드러내고 인정받기 위해서는 필요한 만큼의 정성과 노력을 쏟아야 하며, 때에 따라서는 금전적인 능력을 보여주어야만 자신의 존재가치가 인정된다. 하지만 오랜 기간 서로 삶의 모습이 달랐던 이들과의 조화가 쉽게 이루어지기 어렵고 그 과정에서 많은 상처를 입기도 한다.

백수는 수입이 없어서 지출을 줄이며 하루하루 보내는 삶으로 전환하게 된다. 백수는 '흰 손'이라는 뜻이다. 다시 말해 일하지 않는 사람이라는 뜻인데 여기에서 일은 '금전적인 소득이 있느냐?'가 중요한 기준이다. 하지만 우리가 하는 일의 목적은 단지 생계유지만은 아니다. 명예 욕구를 채우기 위해서 혹은 자신의 소명을 다하기 위해서도 일하는 것이다. 이런 생산적인 활동이 아닌 소일 활동을 하는 사람들이 진정한 백수이다.

이런 백수에도 계층이 있다. 퇴직 초기에 현직 때보다 더 바삐 움직이는 백수를 '화백', 즉 화려한 백수라 한다. 수많은 스케줄 속에서 살아가며 이런 일정을 남들에게 자랑하듯 보여주며 다닌다. 간혹 약속이 없는 날은 허전해서 억지로라도 약속을 만들기도 한다. 하지만 이런 활동들이 정작 자신의 삶에 중요한 의미나 가치로 다가오지 못한다는 것을 곧 알게 된다.

다음으로 화백보다는 빈도가 줄어든 '반백'의 단계로 접어들게 된다. 화백 정도는 아니지만, 이제는 스케줄에 어느 정도 여유가 생기는 시기이다. 종전만큼 많은 약속은 아니지만 그래도 아직 자신이 건재하다는 것을 남들에게 알리는 것이 중요하다고 생각하며 활발하게 활동한다.

최종 단계에서는 '마포불백'이 되는데, 이는 '마누라도 포기한 불쌍한 백수'라는 뜻이다. 움직일 수 있고 생각이 깨어 있다면 비록 직장에서 물러 나와 있고 나이는 먹었더라도 의미 있는 활동으로 자신의 존재 가치와 의미를 증명하고 자존감을 유지하는 활기찬 삶을 지향해야 한다. 적어도 마포불백 대열에 합류하는 불상사를 범해서는 안 된다.

제7장

—

이들처럼
살 수 있다면

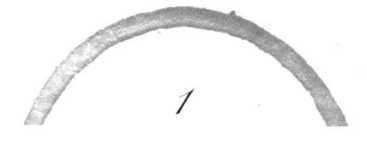

1

영원한 현역,
이순재 씨에게 배운다

> 당신의 나이를 잊어라.
> 바로 이것이 나이 듦에 관해 더 중요한 것이다.
> ─《하우 투 리타이어 해피, 와일드, 앤드 프리》

'묻지도 따지지도 않는 1588 전화번호'로 시작하는 광고모델로 유명한 이순재 씨. 그는 1934년 함경도 회령 출신으로 서울고등학교와 서울대학교 철학과를 졸업한 엘리트이다. 50년 이상 드라마에 출연하고 있으며 100여 편의 영화와 수많은 연극, CF에서 영원한 현역으로 활동하고 있다.

그를 대중에게 가장 강력하게 인상을 심어준 드라마 〈사랑이 뭐길래〉는 57세였던 1991년 출연작이고, 파격적인 역할이었던 '야동순재'를 연기한 시트콤은 과거로 말하면 뒷방노인으로 인정되던 나이인 72세에 출연했던 작품이다. 80세를 목전에 둔 나이에도 대학에서 석좌교수로 재직 중이며 하루에 한두 시간씩 발성연습을 하고 있다.

그는 한때 정치에 입문해 국회의원을 역임하기도 했으며 한국 방송연기자협회 회장을 세 차례나 역임하기도 했다. 일반인들이 흔히 말하는 출세의 두 가지 영역, 즉 유명해지는 것과 높은 자리에 올라가는 것 모두를 경험했지만, 아직도 현역에서 옛 영광에 머무르지 않고 끊임없이 새로운 자신의 모습을 보여주고 있다.

평소 알고 지내던 선배의 권유로 MBC에서 진행하는 6개월 과정의 문화예술포럼에 가입한 적이 있다. 한강 유람선에서 진행된 입학식에서 이순재 씨를 처음 만났다. 그는 그 모임의 원장이었고 60여 명의 원생 모두에게 따뜻한 눈빛과 푸근한 모습으로 대해 주었다. 그 후 매주 진행된 수업에는 거의 빠짐없이 참석해 조회와 종례를 진행했고, 중국 곤명에서 진행된 해외연수와 전곡에서 진행된 국내 연수에도 참석해 젊은이 못지않은 열정을 보여 주었다.

특히 골프 라운딩에서는 그 나이의 노인이라고는 전혀 믿기지 않을만큼의 장타력과 세밀함으로 주위를 놀라게 했다. 과정 수료 후 매월 진행되는 골프모임에도 꾸준히 참석하고 있다. 모임이 끝나면 다음 스케줄 때문에 뒤풀이 행사에는 대부분 참석하지 못하지만 언제든지 모임 시작 전에 도착해서 회원 모두를 스스럼없이 맞이하고 대면한다. 그에게서는 권위적이거나 고리타분한 노인의 부정적인 모습은 볼 수 없고, 우리 주변에서 만났으면 하는 따뜻한 어른의 모습 그대로이다.

우리가 나이를 먹으며 포기해야 하는 많은 것들이 있다. 이를테면 적당한 명예와 부를 이루면 이를 지키거나 쓰는 것에 집중하며 그동안 하던 일에서 물러나는 것이다. 하지만 이순재 씨는 그렇지 않다. 그의 이런 행보는 바람직한 나이 듦에 대한 상징적인 의미가 있다.

나이를 먹을수록 가진 것이 없어지는 것에 대한 두려움이 커진다. 그러면서 자신을 보호하고 인정받으려고 권위 뒤에 꼭꼭 숨어 대접받기만을 원하는 것이 보통이다. 이러한 대부분의 사람들과 달리 스스럼없이 자신을 낮추고 젊은이들의 눈높이에 맞추어 평생을 통해 얻은 지혜를 나누며 생활하는 그의 모습은 가슴을 따뜻하게 해주는 감동 그 자체였다.

많은 이들이 일정 나이에 도달해서 자의건 타의건 은퇴를 선택한다. 그 이후의 삶이 순조롭지 못하거나 이름이 잊히는 것이 아니라 많은 나이에도 끊임없이 활동하고 있는 모습은 본보기가 된다. 장수 방송인 송해 씨와 더불어 그는 평생 현역으로서 행복한 인생 모델이 되어준다.

연예인이 아니더라도 일반주부로 살다가 평소 좋아하던 취미를 살려 나름 안정적인 수입활동을 하는 경우도 있다. 그는 남편이 공무원으로 정년퇴직할 때까지 뒷바라지하며 평소 좋아하던 원예 활동을 했다. 그러면서 주변에 관심사가 같은 부인들을 위해 일주일에 한두 번씩 집에서 분재에 대해 강의했다. 남편 퇴직을 앞두고 주변 사람로부터 아예 전문적으로 분재농원을 해보면 어떻겠느냐는 제안을 받고 지금은 의정부 초입에서 큰 규모의 분재농원을 하며 지내고 있다. 남들은 퇴직 후 손자나 돌보며 지내는 시기에 자기와 뜻이 맞는 딸과 함께 좋아하는 분재를 돌보며 수입활동도 하는 즐겁고 건강한 삶을 살고 있다.

67세 나이에 수채화가로 국전에 입선하고 90세 넘어서까지 주변 사람들과 같이 그림 활동을 이어나가고 싶다는 박정희 할머니의 사례도 많은 이들에게 본보기가 되고 있다. 언제 하늘나라로 갈 것이냐는 질문에 할머니는 주저 없이, "만사 오케이, 지금이 최고!"라고 답한다.

이처럼 자신의 취미를 살리거나 자신의 본업을 천직으로 여기며 멋지게 살아가는 이 시대의 건강한 노인들도 많다. 이들처럼 건강한 행복감으로 하루하루 살아갈 수 있다면 은퇴 후의 삶은 인생 최고의 시기가 될 것이다.

2
이 시대의 칭기즈칸,
나의 60대 롤 모델 김복규

인생의 가장 큰 기쁨은 당신은 할 수 없다고
말하는 사람들에게 무엇인가를 하는 것이다.
– 월터 게이지 핫

김복규 씨는 1년 중 200일 정도
를 해외에서 지낸다. 대부분 날들은 풍경 사진 촬영으로 보낸다.
나머지 165일 중 120일 정도는 일하고 나머지는 국내 출사를 다
닌다.

1년에 한두 번씩은 차마고도의 출발지인 윈난 성으로 가서 직접
고수차 잎을 따서 보이차를 만들기도 한다. 국내에 있는 동안 그
는 자동차 부품업 중심으로 여러 업종의 10여 개 회사에 경영컨설
팅을 해주는데 한 회사에 하루 정도이니 한 달에 10여 일은 이 일
에 시간을 쓴다.

그의 전 직장은 중소기업을 총괄하는 공단이었다. 58세에 정년 퇴직한 후 자신이 일하던 분야의 컨설턴트로 변신했다. 현직에 있을 때부터 하던 일인데, 일을 더 잘하기 위해 해외 여러 곳을 다니며 직무지식을 쌓았고 퇴직 후에도 일을 계속하게 되었다.

하지만 처음부터 기업들이 그를 환영한 것은 아니었다. 그는 퇴직 후 회사의 대표를 만나 자신이 그 회사에 대해 해 줄 수 있는 일이 무엇이고 이런 것들이 왜 필요한가를 설명했다. 기술력은 있지만 인력이나 규모 면에서 대기업과 경쟁하기에 어려움이 있는 중소기업으로서는 경영상에 어쩔 수 없는 한계점들이 분명 존재하기 때문이다.

중소기업 입장에서는 이 한계를 넘으면 중견 기업으로 성장할 수 있고 그렇지 못하면 항상 고만고만한 상태로 맴돌며 답보하거나 서서히 도태된다. 그는 이런 틈새를 잘 알고 있었고 그 분야에 집중했다. 마침 우리나라 자동차 산업은 급격한 성장을 이루었고 대기업에 납품하고 있는 많은 중소기업들이 산업의 변화를 예측하고 현재의 문제를 확인해서 대안을 마련해 주는 그의 존재는 가뭄의 단비 같은 존재였다.

컨설팅 수수료는 자신의 이익기여도의 10퍼센트만 달라고 했다. 그 금액은 웬만한 기업의 신입사원 초임보다도 많았다. 하루 일하고 남들 한 달 치 급여를 받은 것이다. 이 이야기를 들은 다른 기업 대표들은 반신반의하며 그에게 일을 맡겼는데, 10년 이상 일을 계속 맡기고 있다고 한다. 그의 가치와 역할을 인정한 것이다. 그는 열흘 정도 일하지만, 퇴직 전보다 더 많은 수입을 올리며 고객사들로부터는 고문으로 훌륭한 대접을 받고 있다. 그리고 일하고 남은 시간은 자신이 원하는 삶을 살아간다.

페이스북을 통해서 실시간으로 전달되는 그의 활동은 예측불허이다. 어느 날 새벽 관악산에서 일출을 찍어 올리기도 하고 며칠 뒤에는 동티베트의 만년 설산에서 황홀한 설경을 만나기도 한다.

처음 그를 만난 것은 모 경제 연구소에서 주관해 기업 CEO 중심으로 운영하는 등산모임이었다. 당시 사진을 배우기 시작했던 나는 카메라 가방을 메고 등산했는데 그가 유심히 나를 본 모양이었다. 나에게 사진에 대해 몇 가지 질문하고는 "나도 퇴직하고 사진을 찍어요"라고 말했다. 그래서 몇 마디 나누다 보니 사진에 관해서는 내가 상대할 수 없는 고수였다.

우선 촬영장소나 장비가 나와는 너무 달랐다. 주로 자신은 풍경 사진을 찍는다고 했다. 중국의 윈난 성에 유채꽃을 찍기 위해 가면 그곳의 유채밭은 우리나라 경기도만 하다는 것이었다. 그 말을 듣고는 사실 실감이 나지 않았다. 그 당시 유채꽃 하면 보통 제주도를 생각했고 실제로 제주도에서 유채꽃 사진을 찍으러 가는 정도도 사진 출사로는 호사라고 생각하고 있었기 때문이다. 그 당시 내가 가지고 있던 카메라는 아주 고급은 아니었지만 그래도 아마추어가 들고 다니기에는 괜찮은 등급이었고 가격은 300만 원 전후였다. 그런데 그의 장비는 기천만 원이 넘는다는 것이었다. 말로만 듣던 최고의 카메라였다. 카메라를 지탱하는 삼각대도 보통 100만 원이면 아주 좋은 수준이었는데, 그는 자신의 삼각대가 그보다 더 비싸게 주고 특수 제작한 것으로 진동방지에 상당히 신경을 쓴다고 했다.

앞으로 사진촬영 계획을 물어봤더니 "60대에는 체력이 허락하니까 세계 각지의 오지를 다니면서 촬영하고, 70대에는 국내에서 촬영하고 80대에는 전원생활하며 집 주위를 촬영할 계획입니다"라고 했다.

그 후 가끔 한 번씩 산행에서 만나다가 갑자기 연락이 왔다. "동티베트에 있는 해발 7,000미터 이상 4개 산에 출사를 가기로 했어요. 그런데 같이 하기로 한 일행이 포기해서요. 혼자 갈 수는 없고 같이 가면 좋을 것 같은데 어떠세요?"라고 동행을 권유했다. 같은 해에 차마고도를 다녀오기는 했지만, 맘에 드는 장면들이 많지 않아 실망하고 있던 차여서 몇 가지 궁금한 것을 물어보고 나서 같이 가기로 하고 서둘러 준비했다.

그는 꼭 찍고 싶은 장면이 있었다고 했다. 그 장면은 1년 중 불과 며칠밖에 상황이 만들어지지 않기 때문에 일정이 매우 촉박했던 것이다. 중국 쓰촨 성 성도에 도착해서 그 일대의 예전 티베트 땅이었던 지역을 6박 7일간 현지 가이드, 기사, 우리 둘 이렇게 4명이 함께 다녔다. 해발 4,000미터 이상 지역을 다니며 7,000미터 전후의 설산에 비친 일출과 일몰을 찍었다. 그런데 해발 3,000미터 이상 지역을 그동안 몇 차례 다니면서도 별 고산증세를 느끼지 못하던 내가 그 여행에서는 매우 고생했다. 하지만 그는 알레르기가 있어 식물성 음식만 먹는데도 신기할 정도로 잘 적응하는 것이었다.

그는 "전에 나한테 했던 질문에 답했던 걸 이제 바꿔야겠어요"라며 말을 꺼냈다.

"원래는 70세까지만 해외를 다니기로 했는데 요즘 내 건강상태를 생각해 보니 70대 중반까지는 거뜬히 다닐 수 있을 것 같아요. 계획했던 것보다 5년씩 늦춰야겠어요"라는 것이었다.

출사 기간 동안 그는 "컨설팅 업무와 출사 때문에 중국에 자주 가는데 중국어를 한번 배워볼까 해요"라고 했다. 그러더니 귀국하자마자 공부를 시작해 기초문법을 익힌 후 과외를 할 만한 중국인 학생을 소개해 달라고 했다.

마침 대학에서 내 수업을 듣고 있는 학생 중에 중국인 학생들이 많이 있어서 그중 한 똑똑한 여학생을 소개해 주었고, 얼마 후 그 학생을 만나 수업이 잘 진행되고 있는지 물었다. 아주 열심히 하는데 숙제를 내주고 못하면 손바닥을 한 대씩 때리기로 했단다.

70세가 가까워진 할아버지 학생을 20대 중반의 중국인 여선생님이 손바닥을 때리면서 하는 수업은 참 재미있을 것 같았다.

나는 이 분처럼 내 인생의 60대를 준비하고 싶다. 많은 공부와 잠시도 쉬지 않는 열정적인 활동들, 이를테면 자신의 가치를 인정받고 세상을 이롭게 하는 전문가로 사는 삶이나, 흥미나 관심이 있는 분야에서 방관자나 관찰자가 아닌 주연이나 리더로서 살아가는 모습도 보기 좋다. 그리고 다양한 분야의 많은 사람들과 교류하며 그들에게 베푸는 삶의 모습도 본받고 싶다.

더욱이 언제나 자신의 나이는 마흔여섯이라고 하며 그 나이의 사람들과 유사한 사고와 행동을 유지하려고 하는 노력도 부럽기 짝이 없다. 내 나이 예순이 되더라도 지금보다는 더 발전적인 모습으로, 더 긍정적인 삶의 태도를 유지하려고 노력할 것이다.

이렇게 주변에 닮고 싶은 누군가를 만나 보라. 그런 인생의 롤 모델이 있는 것만으로도 인생의 활력소가 될 것이다. 자신이 본받고 싶은 점이 많고 또 이왕이면 관심사가 비슷한 분이면 더없이 좋을 것이다. 스승이 있는 삶, 생각만으로도 든든하다.

3

전 방위 예술 게릴라,
소엽 신정균

은퇴란 내가 원하는 것은 무엇이든 할 수 있음을 의미한다.
그것은 선택을 뜻한다.
– 다이앤 네이허니

　　　　　　　　그녀를 처음 만난 것은 한여름
더위가 한풀 꺾인 9월이었다. 사진동호인들과 대관령에서 1박 하
며 안반덕이라는 우리나라 최고지대에서 일출을 찍고 그곳에서
가까운 강원도 영월의 주천에 있는 200년 된 한옥 고택 조견당에
서 차 한 잔을 마시고 있을 때였다.

　그날 저녁 또 다른 손님이 있을 것이라는 우리 일행과 동료 관
계인 주인장의 설명이 있었다. 역시나 다른 손님들이 찾아 왔다.
대문을 들어서는 행색이 예사롭지 않은 두 여인에게 우리는 시선
을 집중할 수 밖에 없었다.

　나이를 예상하기 어려운 중년의 여자가 강렬한 인상을 내뿜으

며 나타났다. 넉넉한 풍채에 감물을 들인 생활한복을 입고 머리에
는 누더기로 기운 듯한 모자를 쓴 채로, 젊은 여자와 같이 들어왔
다. 주인 내외와 아주 친숙하게 인사를 나누고는 대뜸 "집밖에 빨
간 지프가 주차돼 있던데 이 차 주인이 누구시죠?"라고 주위를 돌
아보며 물었다. 내가 주인이라고 하자 "얼마 전까지 저도 지프차
를 운전하고 다녔어요. 주행거리가 30만 킬로미터 넘어 폐차 처분
했지만요. 제가 좋아하는 차가 주차돼 있어 정말 반가웠어요. 저
랑 앞으로 친하게 지내요"라며 악수를 청해왔다.

한 번이라도 그녀와 얼굴을 마주하고 대화를 나누어 보고 그녀
의 자유정신과 인본주의적 사고에 감응된 사람들은 그녀를 이렇
게 칭한다고 한다.
"교주님!"
그들 세계에서 그녀의 공식적인 현재 직함은 '엔조이교 교주'란
다. 엔조이교의 교구는 국내외를 아우르고, 신자는 장성 출신부터
공무원, 양의사와 한의사, 목사와 스님, 비행사와 사업가, 미술가
와 조각가, 명상가와 명리학자, 교사와 교수 등 이 세상에 존재하
는 거의 모든 직업군의 전문가를 포함하고 있다고 한다. 같이 온
여인은 수행원이라는 것이었다. 그리고 엔조이 교를 설법하기 시
작했다. 무신론자인 나는 '웬 사이비 종교의 교주를 정말 우연한
곳에서 만나는구나' 하는 생각에 호기심에 그녀의 이야기를 들어

봤다.

그녀는 "우리 엔조이교는 모든 신도들이 즐겁게 지내는 것이 핵심가치예요"라고 웃으며 말했다.

"그런데 지금 얼핏 들으니, 사실 엔조이라는 말이 갖고 있는 퇴폐적인 뉘앙스가 있어서 그런지 꽤 부담스러운 종교로 생각되네요."라고 나는 순진하게 답했다.

"네, 대부분의 사람들이 그렇게 생각하지요. 하지만 이것은 이성 혹은 성적인 의미의 엔조이(Enjoy)가 아니고 인생 자체를 유쾌하게 살자는 의미랍니다. '고통조차도 즐기는 삶을 살자'는 뜻이지요.

이름과 지어진 일화를 잠깐 말씀드릴까요. 제가 정신병동에 있는 환자들을 대상으로 오랫동안 서예치료를 진행해오고 있어요. 그들의 이야기를 잘 들어 주고 자주 웃고 즐겁게 해 주었더니 신기하게도 증상이 많이 좋아지더군요. 환자들이 퇴원 후에도 계속 저한테 찾아오고 그러다 보니 우리 엔조이교 신도가 점점 늘었고, 그중에는 스님도 있고 목사님도 있는 특이한 종교가 됐지 뭐예요"라고 그녀가 호탕하게 말했다.

그녀는 명칭은 종교를 흉내 냈지만 실제 우상이나 의무가 없고, 만나는 사람들을 즐겁게 해준다는 단 한 가지만 지키면 되는 그런 만남이라는 설명을 덧붙였다.

명함을 교환하면서 자신의 명함을 주는데 그 명함이 아주 특이했다. 일반 명함의 반 정도 크기에 재질은 한지를 두세 장 겹쳐 붙인 것이었다. 자신이 직접 한 글자씩 붓으로 이름과 전화번호를 기재했는데 용지는 붓글씨를 쓰다 남은 한지 자투리로 만들었다고 했다. 이 명함은 아무에게나 주지 않고 엔조이교 신도가 될 사람에게만 준다는 것이었다. 그날 그렇게 명함을 받은 우리는 곧바로 신도가 되었다.

다음 날 아침, 집주인 내외가 그녀를 초청한 본론을 듣게 되었다. 한옥고옥으로 문화재청에 등록된 이 집은 그동안 폐가이다시피 했다가 집주인 내외가 상주하며 활용방안을 모색하고 있었다. 그녀를 초청한 것은 이 집을 좋은 민속자료 혹은 외국인을 포함한 많은 이들이 즐겨 찾는 공간으로 탈바꿈하기 위한 컨설팅을 받으려고 한 것이었다.

그녀가 짧은 시간 우리와 같이하면서 관찰했던 내용을 우리 일행과 주인 내외를 마당에 앉혀놓고 자신은 마루에 앉아 설명하기 시작했다. 집 내외에 고쳐야 할 것들과 새롭게 장치하고 준비할 것들을 조목조목 설명하는데 우리 일행은 그 전문성과 명확함에 깜짝 놀라고 말았다. 서예가라고 해서 글씨만 잘 쓰는 줄 알았는데 세세하게 지적하고 제시하는 말이 일반인인 우리가 감탄할 만큼 논리적이고 설득력이 있었다.

하루를 더 묵는다는 두 사람과 서울에서 꼭 만나자는 약속을 뒤로하고 우리는 먼저 서울로 돌아왔다. 그러고는 근 한 달 동안 서로 연락이 없다가 어느 날 오후 내 사무실이 있는 인사동 근처에 온 그녀가 만나자는 요청을 했다.

그 자리가 두 번째 만나는 자리였는데 나에게 전시회 계획을 물었다. 그래서 "연말에 인사동에서 진행하려고 준비 중입니다"라고 했더니 "굳이 인사동에서만 하지 마시고 제가 잘 아는 갤러리가 헤이리에 있는데 소개를 해 드릴게요. 헤이리 예술마을에서도 한번 해보면 어떨까요?"라고 말했다. 포스터에 들어가는 글씨도 직접 써주고 지인들에게도 많은 홍보를 해주겠다는 말을 믿고 정말 엉겁결에 헤이리에서 한 달간 사진전시회를 하게 되었다.

그런데 나중에 알고 보니 그녀는 매사 그런 식이었다. 한번 마음먹은 일들은 내 일 남의 일 가리지 않고 주변 인맥을 동원해 성사해내는 능력이 탁월했다. 주변에 알고 있는 사람들의 폭과 깊이가 예측이 안 될 정도였다. 전시회를 준비하고 진행하는 동안에는 특별한 사정이 없으면 마치 자신의 전시회처럼 항상 갤러리를 지키며 많은 엔조이교의 신도들을 초대해 나를 그들에게 소개해 주었다. 덕분에 그녀의 인맥도 많이 알게 되었다.

집안에서 차별받는 딸로 지내는 것이 싫었던 그녀는 스무 살 이른 나이에 결혼하게 됐다. 아들과 딸이 성장하는 동안 누구보다

억척스러운 학부모로 두 자녀가 유학을 마치고 결혼해 자리 잡기까지 모든 정성을 아끼지 않았다. 하지만 아직 어린 나이였던 20대에 자녀들을 키우면서 '애들 다 키우고 나면 분명히 할 일이 없을 텐데 그때는 어떻게 지내지?' 하는 걱정을 했다고 한다. 그때부터 나이 들어서도 할 수 있는 것들을 배우기 시작했다. 이것저것 남들이 좋다고 하는 것들을 따라 하다가 본인의 적성에도 맞고 큰 부담 없이 할 수 있는 것이 서예라는 생각이 들었다.

그때부터 지금까지 40년 가까이 서예를 하게 되었다. 좋은 스승 밑에서 한문과 한글, 해서와 예서 등 서예의 근본과 서법을 두루 익힌 후 국전에도 입선하고 경기도 초대작가로 활동하고 있다. 하지만 자신은 틀에 갇힌 글씨체가 싫어 어느 날부터 자신만의 자체를 개발했다. 지금까지 누구도 써 본 적이 없는 막가파체 혹은 소엽체라고 이름 붙인 자신만의 자체로 전통적인 서예에서 탈피한 것이었다.

그녀의 글씨체도 자연스럽게 구속에서 놓을 수 있었다. 마음 가는 대로 자유롭게 붓이 움직였다. 그것은 정의될 수 없는 서체였다. 자신을 '낙서하는 여자'로 칭하고 자신의 글씨를 낙서로 낮추지만 글씨는 힘과 생동감으로 마치 살아 움직이는 듯 만들어졌다. 다른 이들이 글씨만 보고도 소엽체인 줄 알 정도였다.

그녀는 자유를 갈망하고 그녀의 붓끝에서는 자유가 꿈틀거린다. 또 그녀와 생각을 같이하는 추종자들과 어울려 정처 없이 여행을 즐긴다.

"나는 매일 노는 게 일이야."

그녀는 고기가 물을 만나듯, 온 세상을 자유로이 휘젓고 다니고 있다 해도 과언이 아니다. 비포장 도로의 드라이브를 즐기고 아마추어 무선 햄(HAM) 회원이며 문화관광 해설가이기도 하고 오랫동안 병원에서 미술요법사로서 정신과 환자들을 치료하기도 했다.

그녀는 50세까지 가정에 헌신하는 삶을 살았고 그 이후에는 자신에게 봉사하는 삶을 다짐했다. 예순이 되는 해에 가족과 지인들을 초대해서 '주부은퇴식'을 했다. 직장인이나 공무원이 퇴직할 때 퇴직자들의 공로를 기리는 행사를 여는 것처럼 식순을 준비했고 애국가 제창, 순국선열에 대한 묵념, 평소 다니던 절의 주지스님의 개회사까지 이어졌다. 자녀들의 축하곡 연주와 경력 발표에 이어 지인의 1년짜리 스포츠센터 무료이용권을 포함한 꽃다발과 축하선물 및 금일봉이 전달되었다. 국내외 지인들에게서 온 축전을 소개했고, 은퇴하는 당사자의 답사, 그리고 축하노래 및 댄스 파티로 구성되었다.

일반적인 은퇴식과 비슷했지만, 그보다는 훨씬 유쾌하게 행사를 진행했다. 전직 대통령과 외국 귀빈들의 축전도 집어넣고 꽃다발 하나를 준비해서 여럿이 돌아가며 전달하기도 했으며, 스님은 색소폰으로 축가를 불러주었다.

왜 은퇴식을 하게 되었냐고 물었다.

"남자들이 퇴직하면 하던 일을 중단하고 새로운 생활을 하잖아요. 30여 년간 주부로서의 활동도 남편의 외부활동 만큼 중요하고 의미 있다고 생각했기 때문에 남편처럼 은퇴하고 싶었지요. 이 은퇴식을 통해 새로운 생활을 시작하자는 취지였어요."

은퇴식을 할 때에는 이미 자녀들은 출가한 상태였고 남편과 함께 둘이 지내고 있어 가사는 정확히 나눠서 하는 형태로 바뀐 것이다. 물론 주부 역할에서 은퇴했기 때문에 남편으로부터 생활비도 받지 않고 각자가 스스로 경제적으로 독립하여 생활하는 방식이었다. 그녀는 그것을 일종의 '지자체를 실시한 것'이라고 표현했다. 완전히 남남처럼 살게 된 것은 아니고 일의 강도나 책임이 훨씬 줄어드는 느슨한 형태의 주부 역할로 바뀐 것이다. 그렇게 했더니 가사에 대한 의무감에서 해방돼 일상적인 가사가 자발적인 행동으로 바뀌게 되었고, 오히려 더 즐거운 마음으로 할 수 있게 되었다고 했다.

내가 이런 내용을 방송에서 소개했더니 그녀에게 여러 곳에서 인터뷰 요청이 왔고 많은 이들이 '주부 은퇴식'을 하겠다고 도움을 청하는 연락 또한 많이 왔다고 한다. 그런데 더 재미있는 것은 남자들도 '가장(혹은 남편) 은퇴식'을 하고 싶다고 연락이 온다는 것이었다. 주부들이 주부 역할에서 은퇴하는 것처럼, 일에서의 은퇴인 직장에서의 은퇴 말고도 평생 의무감을 강요받던 가장의 역할에서도 은퇴하고 싶어 했다.

주부은퇴식은 어떤 의미가 있을까? 주부의 역할은 평생 가족을 위해 열심히 생활하지만, 실제 그 역할이나 의미에 대해서는 저평가된 것이 사실이다. 우리나라에서 교통사고 시 보상금 기준으로 손해보험사들이 주부들에게 지급하는 일당은 평균 6만 5,000원 정도이고 이는 연봉으로는 2,500만 원 가량이다. 미국에서는 주부 역할을 가정부, 보육교사, 요리사, 운전기사, 최고경영자, 심리상담사 등 10개 직업을 합친 것으로 보고 약 1억 3,000만 원의 연봉을 책정한다.

우리나라도 한국여성정책연구원이 제공하는 '전업주부 연봉 찾기'라는 프로그램에서 연봉을 계산할 수 있는데, 대부분 월 300만 원은 넘는다. 하지만 이는 단지 주장으로만 그치는 정도로 모든 이들이 공감하는 금액은 아닌 것으로 보인다. 100세 시대에서 60세 이후 주부의 역할에 대해 새로운 관점을 갖게 되는 계기를 마련해 보자는 데 더 큰 의미가 있다.

주부에서 은퇴하고 나서 생활비를 받지 않는다면 그동안 별도의 자산을 보유했거나 경제적으로 능력이 있어야 할 텐데 보통 그렇지 않기 때문에 문제가 된다. 모든 주부들이 60세가 되었다고 이런 방식의 은퇴를 할 수 있는 것은 아니다. 어느 날 갑자기 주부를 은퇴하겠다고 하면 아마 가족들이 큰 충격을 받을 것이다. 그래서 미리 준비해야 한다. 기업체의 정년처럼 주부들에게도 상징적 의미의 정년을 만들어 두는 것도 한 방법이 될 수 있다. 이를 위해 가장 중요한 것은 문제에 대한 자각이다. 주부 말고도 중요한 역할을 할 수 있다는 생각과 이에 대한 준비가 필요하며, 가족들의 인식 전환과 도움 역시 중요하다.

요즘 은퇴 후 가사에 전혀 도움을 주지 못하는 남편들에 대한 불만이 은퇴상담 중 자주 거론된다. 이 문제는 중요한 시사점이 될 수 있다. 역할에 대해 인정받지도 못하고 자신도 중요성을 자각하지 못한 채 의미 없는 가사활동 때문에 '은퇴 남편 증후군'을 앓게 되는 주부들의 역할에 대한 관점을 새롭게 정립해야 한다.

전보다 훨씬 은퇴 기간이 길어지고 역할도 바뀌어야 하는 오늘날, 노년의 삶에 대한 부부 모두의 생각을 가다듬기 위한 계기로 남편은퇴식과 주부은퇴식을 해보면 어떨까? 퇴직한 남편들이 은퇴 후에도 은퇴 전과 같은 생활 태도를 가지려고 새로운 동기부여가 필요하듯, 주부들도 100세까지 행복하게 지내기 위해서는 새로운 동기부여가 필요하다. 남편은퇴식 그리고 주부은퇴식이 그런 상징적인 역할을 할 수 있을 것이다.

브라보 유어 라이프!

전기보 박사님께 드립니다.

2010년 2월 4일, 선생님께 세무사회에서 교육을 받았던 세무사 ○○
○입니다. 저는 당시 '은퇴한 후 무엇을 해야 할까?' 무척 고민하고
있었습니다.

21세에 울면서 군에 입대해, 말년에는 미8군 대령보좌관으로 있던 중
큰 병으로 신체검사에서 떨어지는 바람에 미국에 갈 기회를 놓치고
말았습니다. 다행히 미군병원장에게 부탁해 제대와 동시에 세브란스
병원에 취직해 인생을 개척했고, 고학으로 동국대 화학과와 연세대
대학원을 졸업했습니다.

병원 연구소의 임상병리사, 세무사 자격증을 가지고 있으며, 32년 동안 직장을 다니면서 중앙검사실장, 의료법인 ○○병원 사무국장, 의무행정고문으로 활동하다 퇴직한 후 현재 세무사 사무실을 16년 동안 운영하고 있습니다.

두 딸이 각각 미국과 한국에서 박사 과정에 있으며, 아들은 한 외국계 기업 중국 지사장으로 근무하고 있습니다. 저는 중산층으로 부인과 사이도 좋은 편이지요.

인생을 어떻게 살다 마감할까 고민하면서 종친회 회장, 바르게살기운동 고문, 범죄예방전 부회장, 청심회 회장 등 봉사를 계속하고 있습니다. 요즘 새로이 노인심리상담사 자격증을 따기 위해 다시 공부하고자 했지만 나이가 들어서 그런지 자신이 없었습니다. 그런데 박사님 강의 중에 "죽을 때 신발을 신고 죽을 수 있게 일할 수 있으면 제일 행복한 사람" 이라는 말씀에 큰 감명을 받았습니다. 이에 노인심리상담사 시험을 통해 새로운 인생에 도전해 보려 합니다.

안녕히 계십시오, 더욱 건강하시구요.

내가 강남에 있는 세무사회 보수교육 과정에서 강의를 마친 후 메일로 받은 편지다. 편지를 받은 후 몇 차례 통화를 통해 이 분과 더 구체적인 이야기를 나누었다. 굳이 이 편지를 에필로그에 담은 것은 내가 이 책에서 전달하고 싶었던 많은 것들이 함축적으로 잘 나타나 있기 때문이다.

우리의 인생은 지금까지 우리가 중요하다고 생각해서 집중하던 은퇴 전의 삶만으로 모든 것이 끝나는 것이 아니다. 수명이 100세로 늘어난 것이 문제가 아니다. 인생을 얼마나 살던 간에 각자의 인생은 지극히 소중한 것이고 그 삶을 죽는 날까지 가치 있게 살 수 있어야 한다.

최근 많은 이들이 자신이 잘하는 일을 하다가 인생의 마지막을 마친다고 한다. 한 인기 가수는 "무대에서 마지막을 맞이하고 싶어요"라고 했고, 알래스카에서 성공한 어떤 여류 사업가는 "하이힐을 신은 채 죽고 싶다"고 했으며, 일본 해안가 장수 마을의 노인들은 "장화를 신고 죽고 싶다"고 했다. 나 또한 빨간 구두를 신고, 나를 좋아하고 내가 좋아하는 이들에게 멋진 인생에 대해 강의하다가 생을 마치는 것이 꿈이다.

자신이 원하는 후회 없는 삶을 위해 인생을 새롭게 설계하고 이를 위해 노력해 보자. 앞서 예를 든 매조도처럼 비록 나이를 먹어도 아름다움을 잃지 않고 주변에 좋은 사람들이 자신과 같이하며 그 모습이 아름다운 인생을 만들자.

참고문헌

- 〈한국의 정년현황 실태와 정년연장을 위한 여건조성 방안 연구〉, 한국노동
연구원 노동 부 방하남 외, 2008년, 11월

- 《긍정 심리학−행복의 과학적 탐구》, 권석만 지음, 학지사

- 《긍정 심리학》, 마틴 셀리그만 지음, 김인자 옮김, 물푸레

- 《행복해지는 법》, 김진혁 지음, 리더스북

- 《행복에 걸려 비틀거리다》, 대니얼 길버트 지음, 서은국 · 최인철 · 김미정
옮김, 김영사

- 《해피어》, 탈 벤−샤하르 지음, 노혜숙 옮김, 위즈덤하우스

- 《부부를 위한 사랑의 기술》, 존 가트맨 외 지음, 정준희 옮김, 해냄

- 《부부를 위한 심리 치료 계획서》, 대니얼 오리어리 외 지음, 박현민 옮김,
시그마프레스

- 《다시 생각하는 은퇴경제학》, 전기보 지음, 21세기북스